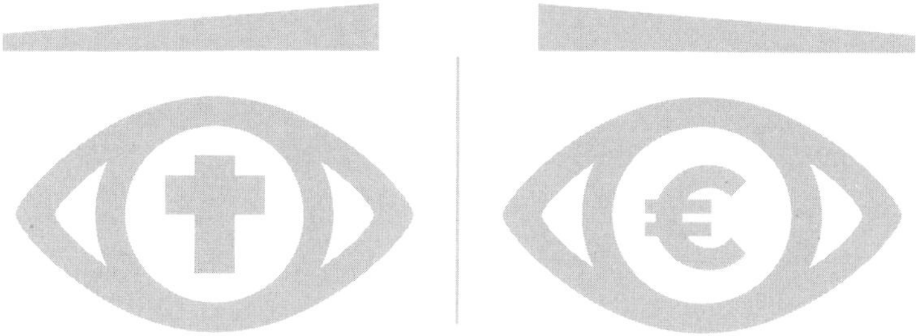

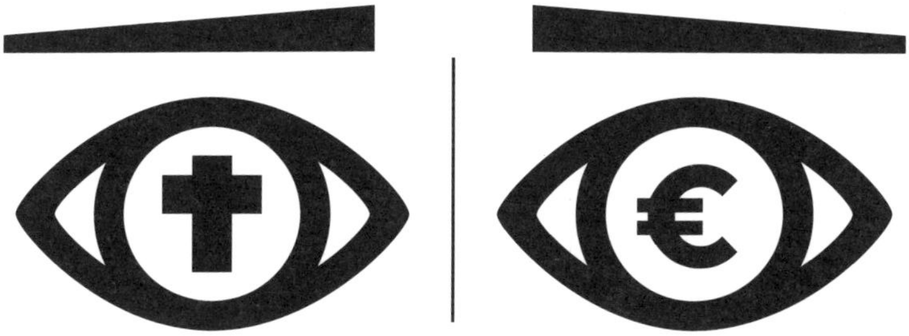

Renaissance du Livre

Avenue du Château Jaco, 1 – 1410 Waterloo
www.renaissancedulivre.be
Renaissance du Livre
@editionsrl

Le prêtre et l'économiste
Couverture et mise en pages : Philippe Dieu (Extra Bold)
Imprimerie : VD, Temse (Belgique)

ISBN : 978-2507-05599-8
DÉPÔT LÉGAL : D/2018/12.763/29

Éric de Beukelaer Bruno Colmant

LE PRÊTRE ET L'ÉCONOMISTE

Regards croisés sur l'avenir de la société

Renaissance du Livre

Propos recueillis par

Henri Deleersnijder

Vous avez eu un entretien il y a une dizaine d'années, qui a donné lieu à la publication d'un livre intitulé *La bourse et la vie* (propos recueillis par Brigitte d'Hose, éditions Anthemis). Aujourd'hui, vous souhaitez reprendre en quelque sorte votre conversation interrompue depuis. Sur quelle thématique voudriez-vous la relancer ?

Éric de Beukelaer — Avant de nous lancer dans le vif du sujet, je pense qu'il serait utile de rappeler comment, en septembre 2008, nous nous sommes rencontrés, Bruno et moi. Avec la faillite de la banque Lehman Brothers, advient à l'époque le premier choc de ce qui deviendra la crise boursière. En même temps, à Paris, il y a la visite de Benoît XVI au collège des Bernardins. Fabienne Vande Meerssche animait alors, à la RTBF, une émission qui s'appelait *Un samedi pas banal* où elle conviait deux personnes tout à fait différentes pour parler de l'actualité de la semaine.

Bruno, qui était alors à la tête de la Bourse de Bruxelles, y avait été invité pour parler de la crise financière et moi, qui étais à ce moment porte-parole des évêques de Belgique, l'étais pour évoquer le discours prononcé par le pape dans la capitale française. Avant de passer à l'antenne, on se retrouve tous deux dans le patio. Il se fait que, pendant les vacances, je prends toujours un sujet de lecture qui ne relève pas de la théologie, afin de m'instruire en me changeant quelque peu les idées. Avant que la vocation à devenir prêtre ne me tombe dessus, je voulais travailler dans le domaine de l'économie politique et ce sujet me passionne toujours. Durant l'été 2008, je décide donc de me plonger dans ce domaine, en relisant les classiques – Smith, Ricardo, Keynes, etc. Je ne me doutais pas que j'étais ainsi dans la situation de l'étudiant qui allait piocher la bonne question à l'examen car, les mois suivants, on n'allait plus parler que de problèmes économico-financiers.

Je savais par ailleurs que Bruno s'intéressait énormément aux rapports entre religion et modèle économique.

Bruno Colmant — Je venais juste de terminer alors un livre de Benoît XVI. Et, au titre de président de la Bourse de Bruxelles, j'étais extrêmement ébranlé par ce choc boursier qui mettait en cause un grand nombre de mes acquis scientifiques, devenus des convictions professionnelles. Avec dix ans de recul, les jours du krach boursier ont été des instants transformationnels de ma vie. Depuis, tout en restant un adepte inconditionnel d'une économie de marché tempérée, je vois le système financier et ses articulations sociales très différemment, et surtout avec nuances et modération idéologique. À mes yeux, l'économie n'est plus une équation fluide mais un agencement socio-politique. Par rapport au premier échange avec Éric, j'ai véritablement adouci ma vision sociétale suite, notamment, à de nombreuses rencontres avec des acteurs du monde politique, syndical et associatif qui m'ont confronté à des réalités très éloignées des mécaniques de marché que j'avais studieusement étudiées dans les écoles de commerce belges et américaines dont je fus l'ancien élève.

É.d.B. — Et Bruno me dit dans le patio : « Vous allez rire, j'ai passé mes vacances à lire du Benoît XVI. » Et moi d'ajouter : « Vous allez rire aussi, j'ai passé les miennes à lire de l'économie politique. »

B.C. — J'ai à cet instant été étonné de voir un prêtre en col romain avec un Blackberry, l'ancêtre de l'actuel iPhone. Partageant mon temps professionnel entre New York et Bruxelles, je commençais à publier sur les attributs protestants du capitalisme anglo-saxon.

É.d.B. — De fait, on avait tous les deux un Blackberry. (On a d'ailleurs regretté la disparition des portables de cette marque bien des années plus tard, car on en était de fidèles adeptes.) Voilà donc les circonstances dans lesquelles nous nous sommes rencontrés. Quelques mois plus tard, à l'initiative de Bruno, paraissait *La bourse et la vie*. Nous avions entretemps appris à nous connaître et étions devenus amis. La préface du livre fut écrite par Fabienne Vande Meerssche, qui avait permis notre rencontre.

Une décennie pleine de turbulences vient de se dérouler. Quel bilan pouvez-vous faire, dans les grandes lignes, de ces années que nous venons de traverser ?

B.C. — Je crois que la crise de 2008 portait un message plus ample et profond dans le temps qu'on ne l'avait imaginé. L'analyse de l'époque y a vu un choc boursier qui, de manière instantanée, pouvait s'interpréter comme étant essentiellement le résultat d'une politique monétaire inadaptée et des fraudes dans le domaine immobilier. C'était aussi un message de glissement d'un risque systémique des États-Unis en direction de l'Europe. Je pense aujourd'hui qu'il y a eu un autre avertissement, à savoir le début de l'entrée de notre monde dans de grandes turbulences sociétales. Non seulement dans l'économie financière, mais dans toute une série de matières relevant, même si je n'aime pas le mot que j'utiliserai pourtant dans notre dialogue, de l' « économie réelle ». La crise de 2008 a donné le signal d'une amplification du capitalisme anglo-saxon, lui-même déployé par la mondialisation. La vision politique mercantiliste de Donald Trump en est l'aboutissement et l'illustration. Au reste, Donald Trump nous confronte à une logique du capitalisme anglo-saxon qui, loin des théories d'Adam Smith, subordonne l'État au marché. Cette vision consiste à naïvement croire qu'on peut gérer un pays comme une entreprise.

Je ressens une impression dominante : toute une série de problèmes de nature financière qu'on voyait arriver dans le futur lointain se sont produits avec vingt ans d'avance. Quand on s'intéresse aux états de discontinuités, de crises, de déséquilibres à venir, on s'aperçoit qu'il y a une convergence de tous les paroxysmes vers l'année 2028. Cela a trait à l'économie purement financière – ce qui relève des pensions, des dettes publiques et des matières de ce type –, mais c'est aussi valable pour tout ce qui concerne les mouvements humains : le réchauffement climatique, la raréfaction des ressources alimentaires, le stress hydraulique, etc. Pour sa part, le paroxysme lié à la surpopulation conduira à des déplacements multiples de personnes. Ils seront d'une envergure inimaginable et conduiront à des réactions politiques invraisemblables. Nous sommes en 2018 et avons dix ans pour appréhender

« Tout se passe comme si
le mouvement se substituait
à la pensée stratégique et
comme si l'addition des
fluences politiques quotidiennes
emplissait le vide de l'expression
étatique. La nécessité
soudaine escamote la création
et les critères de la pensée. »

Bruno Colmant

et tenter de résoudre ces problèmes avec lucidité et intelligence sociale. Ce sera très complexe car le monde entre en douce ébullition. Je veux donc partager un avertissement.

Par ailleurs, je m'interroge sur le fait de savoir si, dans un besoin d'instantanéité, nous n'avons pas perdu le sens de l'Histoire. En effet, depuis plusieurs années en Europe, le monde occidental est frappé par l'impensable : des crises économiques et monétaires d'amplitude inédite, des États vacillants dans un projet européen indécis, des vagues migratoires sans précédent accompagnées de crépitements terroristes conduisant à des attentats, etc. Ces événements ne sont pas des occurrences isolées. Ils s'inscrivent dans une cinétique de bouleversements du monde dont nous n'avons pas pris toute la mesure, car les équilibres géopolitiques se modifient. Ces confusions s'inscrivent elles-mêmes dans de grandes turbulences économiques : la crise de 2008 a laissé de profondes cicatrices, tandis que le vieillissement de la population, combiné aux révolutions de la numérisation, va modifier la sphère des comportements économiques. Nous ressentons tous le sentiment diffus d'un monde révolu.

Or, que se passe-t-il ? Au lieu de prendre le recul de la réflexion et l'angle du temps, chacun trouve, de manière introvertie, son occupation dans l'immédiateté. Tout se passe comme si le mouvement se substituait à la pensée stratégique et comme si l'addition des fluences politiques quotidiennes emplissait le vide de l'expression étatique. La nécessité soudaine escamote la création et les critères de la pensée.

Ne seriez-vous pas là dans une prédisposition apocalyptique ? Une vue trop catastrophiste du monde ?

É.d.B. — Je pense que Bruno le dit bien : nous nous trouvons au milieu du gué. Ce sera catastrophique si on ne fait rien. J'estime que, si on ne peut pas tout contrôler, il y a néanmoins des choses qu'on peut accompagner. Quand je dois parler de l'économie, j'utilise souvent une image : celle de la Meuse. Un fleuve, on ne peut pas l'empêcher de couler, mais on peut le canaliser. Ainsi, au cours des siècles, pour se débarrasser des marais qu'elle provoquait et qui étaient à l'origine de maladies, l'homme a canalisé la Meuse, grâce à la construction de quais et d'écluses. En dépit des erreurs, voire des pollutions induites par cet aménagement, il a réussi à en faire une source de vie. La vie économique est à l'image d'un fleuve canalisé.

À l'époque de la principauté ecclésiastique où le prince-évêque et ses conseillers devaient « canaliser » une petite province, tout allait très lentement et, à la limite, ce qui se faisait à Liège n'avait pas de répercussions directes sur d'autres principautés avoisinantes. En revanche, aujourd'hui, avec l'aide d'ordinateurs superpuissants qui spéculent sur tous les frémissements financiers à la vitesse de la lumière, une décision économique ou un choc systémique se produisant quelque part dans le monde a des répercussions immédiates : c'est l'effet papillon. Donc, si l'universalité devient une réalité – si le monde est un gros village –, ce qui ne manque pas d'être positif à nombre d'égards, la difficulté est que nous n'avons pas développé les outils pour canaliser les flux que cela génère. D'où le changement climatique, qui est le produit d'un monde en surchauffe.

Je cite ici un récent document du Vatican : « *Il est donc clair que les marchés (financiers) ont besoin de directives solides et fortes, macro-prudentielles aussi bien que normatives, qui soient uniformes et partagées par le grand nombre. Ces règles doivent être continuellement mises à jour, vu la réalité des marchés constamment en évolution. Ces orientations doivent garantir un contrôle sérieux de la fiabilité et de la qualité de tous les produits économiques et financiers, en particulier les plus complexes. Lorsque la rapidité des processus d'innovation produit des risques systémiques excessifs, les opérateurs économiques doivent accepter les contraintes et les freins exigés par le bien commun, sans tenter de les contourner ou d'en réduire la portée. Étant donné la globalisation actuelle du système financier, une coordination stable, claire et efficace s'impose entre les différentes autorités nationales de régulation des marchés [...]. Ceux-ci doivent être l'objet d'accords entre les différents pays, mais à portée effectivement supranationale.* » (« Considérations pour un discernement éthique sur certains aspects du système économique et financier actuel », Congrégation pour la Doctrine de la Foi & Dicastère pour le Service du Développement Intégral, 6 janvier 2018, n°21.)

À condition de bien les utiliser, des instruments de « canalisation économique » permettraient de domestiquer la mondialisation, sans pour autant casser la machine économique. Encore faudrait-il qu'une volonté politique générale se manifeste dans ce sens. C'est particulièrement vrai quand on pense aux paradis fiscaux et à toutes les fluctuations folles du marché dues à la sur-financiarisation de l'économie. Quand un être humain a un taux de tension artérielle qui augmente et diminue fortement, sans que personne ne lui administre un stabilisateur de son flux sanguin, tout médecin dira qu'il risque l'arrêt cardiaque. Il en va de même en matière économique : sans stabilisation de ces fluctuations boursières de plus en plus puissantes, le système risque le krach fatal, qui anéantirait la confiance minimale sans laquelle une économie d'échange ne peut se maintenir. Pour reprendre mon image de la Meuse, depuis la crise de 2008, des écluses plus puissantes et des berges plus hautes ont été installées (entre autres, via les accords de Bâle qui régulent le monde bancaire), mais la puissance de débit du fleuve a augmenté exponentiellement. En cas de pluies inhabituellement fortes, personne ne peut donc assurer qu'il n'y aura pas d'inondations dévastatrices.

Sans nécessairement être fataliste, je pense qu'il existe bel et bien un risque majeur d'apocalypse du système économique actuel. Comment aborder dans les dix ans à venir les grands défis qui vont continuer à se présenter à nous ? Les dirigeants du monde ne sont pas arrivés à déployer une stratégie suffisamment crédible et durable pour rassurer. Je partage donc l'inquiétude de Bruno quant à l'avenir. Il m'arrive de rencontrer des cadres supérieurs de grosses boîtes, ayant quelques années de moins que moi. Quand je leur demande, entre quat'z'yeux, s'ils ont confiance dans le système, plusieurs me répondent ceci : « Non, je songe à acheter des terres agricoles avec mes économies parce que c'est peut-être la seule chose qui soit sûre. » Donc, il existe une réelle inquiétude, même chez ceux qui vivent à l'intérieur du système et en profitent le plus.

B.C. — Je ne suis pas catastrophiste, ni pessimiste, mais en alerte. Pour rebondir sur le propos d'Éric, je suis donc convaincu que les déséquilibres qui ont été révélés par la crise de 2008 se sont amplifiés et qu'aucune solution structurelle n'y a été apportée à ce jour alors que le contexte de nervosité capitalistique du monde augmente. Jour après jour, nous sommes confrontés à de nouvelles réalités sociétales et à un accroissement des inégalités que certains philosophes considèrent être le préalable à des insurrections. Le populisme gagne tous les pays d'Europe et surtout très rapidement. Ailleurs aussi, des pouvoirs se verticalisent dans un simulacre de démocratie, appelé démocrature. Apparemment, rien ne relie les partis antisystèmes et souverainistes d'Italie aux renforcements de pouvoirs dans des azimuts très éloignés. Pourtant, le rejet d'un système ou son renforcement autoritaire expriment une réponse comparable à un nouvel ordonnancement des communautés. Et, si l'Histoire ne se répète pas, elle joue des tours diaboliques puisque les rejets d'élites conduisent souvent à en bâtir d'autres plus autoritaires.

Les ruptures sociétales ont aussi de profondes généalogies. Je situe leur origine dans les années 1980. Après un quart de siècle de mondes cloisonnés hérités du second conflit mondial, la décennie maudite des années 1970 combina la fin de l'ordonnancement monétaire, avec deux chocs pétroliers qui en découlèrent, et la mutation de l'économie manufacturière vers celle des services. Les années 1980 furent jalonnées, à leur aube, par l'instauration du néolibéralisme dans les pays anglo-saxons et, à leur crépuscule, par la chute du communisme. Le capitalisme, devenu entretemps anglo-saxon plutôt que rhénan et partenarial, perdit son contre-modèle soviétique qui, tout en étant un système épouvantable, permettait un théorique renvoi dos-à-dos idéologique. Le travail, qui avait reconstruit un monde dévasté et dépeuplé, céda le pas à la prédominance du capital. D'ailleurs, on parle désormais d'économie de marché, qui est une terminologie plus large que le capitalisme. La sphère marchande est devenue une salle d'enchères avec un « marché du travail ». La sémantique n'est pas innocente. Dans cette économie de marché, dont je vois le capitalisme comme un sous-ensemble, il y a donc eu deux mutations. La première est que les facteurs de production, que sont le travail et le capital, voient leurs valeurs mises aux enchères. La seconde est que le capitalisme anglo-saxon s'est imposé, *volens nolens*, dans des pays dont il n'est pas la configuration spontanée. Je pense, en particulier, aux pays d'Europe de l'Ouest.

Au reste, grâce à l'ouverture des frontières, de nouvelles économies adoptèrent des modèles capitalistes proches de celui des États-Unis, c'est-à-dire un capitalisme confrontationnel. D'autres régions, déjà acquises à un capitalisme rhénan, furent pétrifiées par l'insuffisance de la croissance qui glisse désormais vers de nouvelles géographies en rendant insoutenables les engagements sociaux d'une population vieillissante (pensions, soins de santé). Sur ces mutations de modèles, on doit greffer des phénomènes climatiques, alimentaires et hydrauliques qui contribuent à exacerber un contexte de violence ou de désespoir inhérent à la peur d'un avenir qui se soustrait. Cette violence ou ce désespoir vont conduire, au mieux, à repenser la justice sociale et, au pire, à des régimes politiques répressifs.

Par ailleurs, le capitalisme est consubstantiellement fondé sur la circulation du capital. Dans ce cadre, le rôle des marchés financiers est de négocier le futur. Ces mêmes marchés ont renversé le vecteur du temps. Alors qu'auparavant, le travail et le capital étaient partagés sur la base de ce qui était accompli, les marchés financiers ont permis d'anticiper la formation des richesses. Et, nous le ressentons tous, cet emprunt appelle sa propre liquidation. Ceci ramène incidemment au rapport au temps. La sphère marchande s'est amplifiée par le développement des marchés financiers. Ces derniers permettent de négocier le futur puisqu'ils opposent des acteurs aux anticipations contraires. Mais négocier le futur permet aussi de l'emprunter. Les marchés financiers permettent donc, dans l'expression d'une valeur qui correspond à des anticipations, de « remonter » le temps. La spéculation est d'ailleurs un pari sur le temps. Parfois, la remontée du temps nous plonge dans notre passé puisque nous détruisons ce que, dans le passé, la nature a mis des millions d'années à produire (eau, matières premières, forêts, réchauffement climatique). C'est ainsi qu'en consommant deux Terres par an, nous nous plongeons dans une planète qui n'a pas le temps de se régénérer. La conclusion s'impose : on ne peut plus dissocier économie et écologie. Et ceci n'est pas (encore) intégré dans les marchés financiers.

Mais si l'efficacité supérieure du capitalisme n'est, à mes yeux, plus à prouver en termes de prospérité collective, la répartition de ses bienfaits exige des pouvoirs politiques forts. Et par forts, je ne veux pas dire dictatoriaux ou liberticides, bien sûr, mais de nature redistributrice avec équité et justice sociale. En effet, un système capitaliste sans ordon-

« Mais si l'efficacité supérieure du capitalisme n'est, à mes yeux, plus à prouver en termes de prospérité collective, la répartition de ses bienfaits exige des pouvoirs politiques forts. Et par forts, je ne veux pas dire dictatoriaux ou liberticides, bien sûr, mais de nature redistributrice avec équité et justice sociale. »

Bruno Colmant

nancement étatique est voué à succomber sous ses propres excès puisqu'il ne connaît aucune régulation sinon l'expression du prix formé par les lois de l'offre et de la demande. Les réalités sociales ne sont donc pas appréciées à l'aune d'un ordre moral mais plutôt sous la contrainte de la soumission à l'opposition des facteurs de production, c'est-à-dire le travail et le capital. La domination des FAANG (Facebook, Apple, Amazon, Netflix et Google) et l'introduction de l'intelligence artificielle accentuent désormais cette réalité et soulignent l'impotence des États à s'inscrire dans une sphère marchande qui leur est supérieure. Au niveau européen, dont le projet se fissure, le problème est aggravé par l'absence de vision et d'action communes. C'est même pire : nos États européens, plutôt que s'atteler à réguler un capitalisme qui devenait une norme universelle, se sont eux aussi engouffrés dans ces marchés financiers pour assurer le financement de la dette publique qui constitue elle-même un emprunt de la prospérité future. Les États européens se sont affaiblis et subordonnés aux marchés.

Parfois, je crains donc que le capitalisme anglo-saxon ne s'emballe dans une course morbide contre le temps, facilitée par les marchés financiers qui entretiennent leur propre volatilité. La peur de l'avenir conduit à renoncer au présent et à provoquer une fuite éperdue vers des futurs qu'on voudrait paradoxalement conjurer. On mondialise pour conjurer la mondialisation, on spécule pour combattre la spéculation, on abandonne la pensée réfléchie pour conjurer des flux informationnels. En d'autres termes, le capitalisme anglo-saxon mondialisé renforce son propre caractère volatil.

Le monde risque alors de suffoquer dans un système économique qui accélère sa propre dynamique. C'est dans ce contexte que les émergences politiques extrêmes trouvent des terreaux fertiles, car certains personnifient l'apaisement d'un monde utopique tout en entretenant le danger et les menaces du monde présent. Ils alimentent la névrose de terreur du présent qu'ils travestissent en monde dystopique pour le conjurer. Ils agglomèrent les narcissismes individuels vers l'emballement collectif.

Il faut observer les communications de Mélenchon, de la Ligue, de l'AfD, du Rassemblement national français, etc. pour comprendre que les nouvelles configurations politiques réfutent un certain ordre marchand. Ce n'est pas un hasard s'ils mettent tous en joue la symbolique ultime du capitalisme, à savoir la monnaie. Pour ces aventuriers politiques, le modèle économique est consubstantiel à l'exaspération sociale qui conduit à le rejeter tout en en exacerbant les côtés obscurs. Quel est le message de ces populistes qui inventent des exclusions et des lignes de démarcation ? Le passé lointain semble apaisant et pousse certains à cultiver le culte des généalogies disparues. Le présent est incompréhensible tandis que le sentiment d'un avenir effrayant se dilate. Le spectre de guerres, d'ailleurs impossibles à conceptualiser, est entretenu tandis que des idées d'insurrections et de conflits civils sous-tendent l'émergence de flibustiers politiques.

En fait, j'ai une conviction : le libre-échange est un état spontané et positif de l'économie. Aussi loin que l'Histoire remonte, tout n'est que commerce, monnaie et comptabilité. Quant aux crises, souvent fondées sur des asymétries d'information, elles sont la manifestation d'un monde évolutif.

L'économie de marché n'est ni morale ni immorale. Elle est amorale, c'est-à-dire étrangère au domaine de la moralité. Elle constitue un ensemble de fonctionnalités et une superposition de contrats. L'économie de marché n'est donc ni une doctrine, ni une sociologie et encore moins un système abouti. D'ailleurs, l'hypothèse d'un ordre spontané est infondée. L'État doit par contre atténuer le chaos inhérent à une éconmie de marché spontanée afin de répondre à des objectifs communs de prospérité partagée et solidaire.

Exiger du capitalisme qu'il se moralise ou se régule relève du même non-sens que d'exiger qu'il s'autorégule. Cela reviendrait à postuler qu'une architecture financière, froide et mécanique, formule des valeurs humanistes et disciplinantes. Et, inversement, la morale ne fonde pas naturellement l'économie de marché. Le rôle de ce dernier est autre : il s'agit de contribuer à l'enrichissement des travailleurs et des apporteurs de capitaux de manière équilibrée et juste.

On ne moralise pas un système : on responsabilise ses acteurs, de manière civile ou pénale. Ceci ramène à la dissociation à opérer entre l'économie de marché, en tant que modalité factuelle, et la morale. L'économie de marché fonde la création de richesses, tandis que le modèle politique – qui doit lui être congruent et bâti sur des visions de valeurs morales – assure répartitions et redistributions nécessaires. C'est à ce niveau que le rôle de l'État est fondamental. Et exigeant.

É.d.B. — Mais revenons à ce que nous disions il y a dix ans, dialogue retranscrit dans notre ouvrage *La bourse et vie*. Je rappelle mon propos d'alors : quand Bruno affirme que le libre-échange est un état spontané de l'économie, il fait un constat qu'on peut nuancer en ajoutant « mais pas le seul ». L'Histoire illustre cela – tant dans les sociétés primitives que plus évoluées – par d'autres formes d'économie, davantage basées sur le bien-être collectif que sur l'enrichissement individuel. Ainsi, les indigènes des mers australes ignoraient la propriété privée et, chez les Incas, la terre appartenait à la communauté qui en attribuait des portions aux familles en fonction de leur taille.

Quand c'est la planification politique qui dirige le marché, ceci est rarement un gage de liberté et d'enrichissement, comme l'a démontré l'échec du marxisme-léninisme. Par contre, quand ce sont des valeurs d'ordre spirituel qui donnent de vivre en société sans recherche de profit individuel – comme dans certaines peuplades isolées ou encore au sein des monastères et autres kibboutz –, cela est souvent la source d'un plus complet épanouissement humain et de davantage d'égalité. Cependant, pareil système ne peut être viable que si ces valeurs culturelles ou spirituelles sont partagées par tous les membres de la communauté en question. Dans une société mondiale et multiculturelle, ceci n'est guère envisageable. Voilà pourquoi – à l'ère de la mondialisation – l'économie de marché s'impose comme le système économique « par défaut ».

Plus fondamentalement, je dirais que le constat factuel est le début de toute analyse, mais que ce n'est pas la fin de l'Histoire. Comme Bruno le souligne : au monde de l'Avoir et de ses lois économiques guidées par l'échange des biens et la recherche de profit doit correspondre une société du Pouvoir guidée par l'idéal de « justice ».

Cette justice est d'abord une justice dite « commutative » en ce qui concerne les rapports entre citoyens. La société politique – pour ne pas être une jungle où règne la loi du plus fort – est encadrée par le droit civil et commercial : si un pain coûte 1 euro, ce sera le prix à payer par Bill Gates comme par la pauvre veuve aux dix orphelins. La justice « commutative » suffit à assurer un cadre « juste » aux échanges humains, mais ne pourvoit pas à la redistribution des biens, si nécessaire aux sociétés humaines.

D'où un autre type de justice, qui lui sera superposée dans le cadre de la gestion politique de la cité et qui est appelée « distributive » : il est de bonne justice que Bill Gates paie bien plus d'impôts que la pauvre veuve avec ses dix orphelins. Ceci, afin que la pauvre veuve accède aux soins de santé et les orphelins à l'éducation. C'est au nom de la justice distributive que la puissance publique se doit de réguler le marché, en veillant toutefois à ne pas l'étouffer sous une montagne de règles tatillonnes. Domestiquer les forces vives du marché sans tuer l'esprit d'entreprendre, tel est le subtil art de ce qu'on appelle la « bonne gouvernance ».

La bonne question à poser n'est pas « comment rendre le marché plus juste ? » Bruno a raison de dire que l'économie est amorale, car le marché ne se préoccupe pas de justice. La première question est : « Comment éduquer les acteurs économiques à rester humains dans leurs activités économiques ? » La seconde question, qui est son corollaire, est : « Comment contrebalancer un marché économique mondialisé par une force politique de même taille ? » C'est le principe plein de bon sens de *check and balance*, du pouvoir-contrepouvoir : là où les échanges commerciaux et la recherche de profit sont devenus mondiaux, la règle politique qui énonce ce qui est juste dans une société doit également se situer au niveau de la planète.

Allons un peu plus en amont des choses en ce qui concerne le système capitaliste. Adam Smith, premier penseur moderne du marché libre, affirme que, bien utilisé, un certain égoïsme des individus – il n'a pas dit cela tel quel, mais je caricature – contribue au bien commun : on ne demande pas au boulanger d'être un grand idéaliste, on lui demande seulement de faire du bon pain. Si son égoïsme le pousse à faire du bon pain pour s'enrichir, cela concourt donc au bien commun. Cette vision des choses fonctionne à court ou à moyen terme, mais pas à long terme. L'exemple de l'éducation est parlant à cet égard. Tout le monde en politique, de l'extrême gauche à l'extrême droite, est d'accord pour dire que l'éducation est le meilleur investissement économique que puisse faire un pays pour créer de la richesse à long terme. Mais qui d'entre nous – et je parlerais ainsi si j'avais des enfants – serait prêt à payer de grosses sommes pour que le fils d'un voisin parfaitement inconnu étudie dans les meilleurs collèges ? Personne, à coup sûr. Admettons en outre que je sois patron d'une grosse boîte : ce n'est pas pour autant que mes enfants seront les nouveaux Bill Gates ou Steve Jobs. Le futur entrepreneur de génie, qui inventera un produit nouveau et créera des milliers d'emplois, est peut-être le fils de ce voisin en question. Donc, pour avoir un bon investissement où les générations futures auront une chance égale et où chacun trouvera sa juste place – où le fils d'un patron pourra trouver sa voie comme plombier si ça le rend heureux, alors que celui d'un simple travailleur trouvera la sienne dans la création

« Il est de bon ton de reprocher à l'Église catholique d'être en retard d'une guerre,
mais il y a une ligne de conduite que, depuis Jean XXIII,
soit depuis soixante ans maintenant, la doctrine sociale catholique se tue à répéter :
à économie mondialisée,
il faut un arbitre économique mondialisé. »

Éric de Beukelaer

d'entreprises s'il en est capable –, cela requiert une certaine redistribution des richesses par l'impôt. Autrement dit, pour que l'efficacité économique à long terme soit réalisée, il faut que le politique vienne corriger la main invisible du marché libre.

Ce qui vaut dans le domaine de l'éducation s'applique aussi à la défense de l'environnement. Comment faire en sorte, par exemple, que les produits soient payés à leur juste prix ? Les ressources naturelles sont en fait un capital non renouvelable. Le coût de la pollution doit donc être intégré dans le prix de vente, sans quoi nous trichons avec le marché et – comme le dit Bruno – empruntons le futur, en abîmant la planète des générations à venir. Cette donnée, les fondateurs du système capitaliste ne l'avaient pas intégrée, puisqu'à l'époque, personne ne pensait la finitude des ressources de la planète. Qui, si ce n'est le pouvoir politique, peut faire en sorte que le coût des externalisations, de la pollution, etc., soit intégré dans un produit ? Qu'un produit non polluant soit moins cher qu'un produit polluant ? Et qu'on se dirige, au final, plutôt vers des produits non polluants ? Seul l'État peut y contribuer, grâce à la fiscalité qui régule. Et – je me répète – dans une économie mondialisée, cela doit s'organiser à l'échelle de la planète.

Vous faites donc un plaidoyer pour l'État et l'ordre politique international...

É.d.B. — Il est de bon ton de reprocher à l'Église catholique d'être en retard d'une guerre, mais il y a une ligne de conduite que, depuis Jean XXIII, soit depuis soixante ans maintenant, la doctrine sociale catholique se tue à répéter : à économie mondialisée, il faut un arbitre économique mondialisé. Je discutais récemment de cela avec un député belge d'un parti de la gauche radicale, et je lui disais : « La réforme économique que vous proposez, vous ne pourrez l'appliquer si vous arrivez au pouvoir, car vous serez amenés à faire la politique que l'environnement macro-économique mondial va vous imposer. Voyez ce qui est arrivé en Grèce avec Syriza. La Belgique est un espace économique bien trop petit pour dicter sa loi aux bourses du monde entier. » L'Union européenne, elle, pourrait exercer une certaine influence sur son marché intérieur, si elle arrivait à se mettre d'accord sur une politique économique et fiscale unifiée, ce qui est loin d'être le cas. Bref, il y a urgence à ce qu'il y ait un arbitre capable de canaliser les grands enjeux, un arbitre effectif qui émette quelques grandes règles, de façon à maîtriser quelque peu ce fleuve tempétueux de l'économie aujourd'hui mondialisée.

B.C. — J'entends ce que dit Éric, mais je suis plus perplexe. Je crains que le capitalisme anglo-saxon, contrairement au capitalisme rhénan, entraîne naturellement la subordination de l'État à son propre système. Par ailleurs, la démocratie représentative formule des pouvoirs qui reflètent les fluences immédiates des populations. C'est pour cela que nos gouvernants n'arrivent pas à faire mieux que d'accommoder le présent dans des expressions instantanées. Comme la démocratie repose sur l'apaisement socio-économique immédiat, elle annihile ceux qui exigent l'effort des communautés pour préserver le futur. Nous le comprenons désormais : le préalable de la

« Nous le comprenons
désormais : le préalable
de la démocratie est
une économie apaisée
et, malheureusement,
le capitalisme anglo-saxon
porte en lui sa propre
intranquillité. »

Bruno Colmant

démocratie est une économie apaisée et, malheureusement, le capitalisme anglo-saxon porte en lui sa propre intranquillité. Contrairement aux démocraties, les expressions politiques autoritaires permettent, malencontreusement, de projeter les populations dans des avenirs fictifs moyennant l'abandon d'un modèle social-démocrate. Il n'est donc pas exclu que le populisme soit une vengeance citoyenne contre des démocraties qui ont perdu pied dans ce capitalisme mondialisé.

Regardons les États-Unis qui cristallisent l'actualité. Pour celui qui a étudié la trame du capitalisme américain, Donald Trump n'est aucunement une aberration de l'Histoire. Depuis la présidence du presbytérien moraliste Woodrow Wilson (1913-1921), les États-Unis se sont qualifiés de Terre promise élue par Dieu. La domination américaine ne peut donc s'imposer que si les États-Unis polarisent une force énergétique dominante ou si le reste du monde est en chaos. Depuis leur indépendance, ce pays a été en guerre, sauf pendant quatre ans, et celles qui furent perdues, comme le Vietnam ou le 11-Septembre, furent un accablement, entraînant même des questions existentielles sur la force de l'État. Aujourd'hui, les États-Unis souhaitent recouvrer la domination mondiale et redevenir une Terre promise méritée (ce qui explique la fermeture des frontières). C'est ainsi que Donald Trump veut désengluer son pays de tous les accords commerciaux pour restaurer une domination qui n'est pas partagée. La guerre commerciale n'est donc que le début parce que le capitalisme anglo-saxon est consubstantiel à sa propre suprématie.

Si mon intuition est correcte, alors nous allons assister à l'amplification concomitante du capitalisme et du populisme. Comme la souveraineté du marché ne s'accommode pas de démocraties nationales affaiblies et que l'État traditionnel est rejeté puisqu'il n'apporte pas de protection contre ce même marché mondialisé, c'est ce même État qui sera la victime de la mondialisation. Mais en rejetant le capitalisme, le populisme le renforce sous des formes inadaptées et contraires au besoin de tempérance du marché. Au motif d'être la négation du capitalisme, le populisme en serait l'aboutissement. La démocratie se dissoudrait alors dans un ordre marchand qui entretient l'individualisme et la peur collective. Si le défi des prochaines années est le dialogue entre les marchés et l'État, je ne sais pas quelle sera la nature de cette coexistence et ses réciprocités.

É.d.B. — Dans ce cas-là, le capitalisme étouffe l'État démocratique et le système se tire une balle dans le pied.

B.C. — Ce serait affligeant. C'est pour cela qu'il faut regarder en face le futur sans ciller. Donc, tout ceci me conduit à l'intuition d'un changement de modèle dont nous n'avons pas perçu l'ampleur. Les grandes phases d'expansion capitalistique ont malheureusement conduit à modifier la morphologie des États. Cela se termine mal ou ça débouche sur une crise : on purge alors le système de ses dettes, de ses excès de valorisation et le système retrouve des bases stabilisées. Ou alors, mais c'est une dérive plus grave, ça conduit à des phénomènes belliqueux précédés de tensions civiles.

D'ailleurs, dans l'Union européenne, tout se joue maintenant. Cela ne se murmure plus comme des confidences chuchotées dans l'Olympe technocratique des instances européennes. Cela devient un bruit assourdissant chez nos dirigeants et banquiers centraux : si l'Union européenne ne trouve pas, dans les prochains mois, une gouvernance unificatrice, elle risque d'imploser sous ses propres forces centripètes. Nous n'avons plus le temps d'attendre 2019. Soyons lucides : des États étrangers pervertissent nos médias sociaux et entretiennent notre dépendance énergétique pour briser l'Union. Les mesures protectionnistes des États-Unis vont rapidement fragmenter la cohésion commerciale. Dans plusieurs pays, les réactions politiques se raidissent tandis que la chancellerie allemande est affaiblie et que l'axe franco-allemand est contesté. Le modèle social-démocrate se saborde. Paradoxalement, l'euro devient le soubassement de l'Union alors que le Sud européen ne pardonnera jamais au Nord d'avoir pulvérisé l'emploi de sa jeunesse pour protéger le capital.

Regardons à nouveau les États-Unis où on parle, dans les médias, de risque de dissensions civiles, risque dont je suis, petit-fils d'Américaine, très imprégné. Jour après jour, les États-Unis se métamorphosent. Bien sûr, on pourrait confiner cette mue à l'élection présidentielle. Mais ce serait faire fausse route que de confondre les symptômes et les causes. Les États-Unis se sont forgés dans un alliage de domination. Cette dernière, domestique et extérieure, leur a permis d'imposer au monde un ordre capitaliste qui est fondé sur la supériorité militaire, et donc monétaire. Cet état d'esprit aligne le peuple américain sur des valeurs morales et symboliques qui perpétuent la supériorité de leur modèle.

Pourtant, le dernier demi-siècle a indubitablement confiné le champ d'influence américain. Si la chute du

Mur, en 1989, fut la démonstration de l'unicité temporaire du système d'économie marchande puisque son contre-modèle s'était sabordé, l'immersion dans le capitalisme *sui generis* d'autres nations, telles la Chine et la Russie, ont contribué à limiter l'influence américaine. Militairement, aussi, les États-Unis ont subi des revers. La guerre du Vietnam s'est achevée dans le déshonneur tandis que les conflits suivants (Golfe, Irak, Afghanistan), au reste souvent déclenchés par les États-Unis au motif de la nécessité d'une domination mondiale, ne les ont pas déclarés vainqueurs de manière décisive. La guerre actuelle, celle du terrorisme, est plus pernicieuse. Elle a frappé le cœur du capitalisme, New York, un 11 septembre. Ce jour-là, un monde ancien est mort car les États-Unis n'ont plus été la Terre promise de Woodrow Wilson. Pour certains, elle a été châtiée. Ces attentats ont, et auront des conséquences bien plus importantes qu'on ne l'imagine dans la banalisation des faits historiques.

La crise de 2008 fut aussi un choc terrifiant pour la prospérité économique. Même si l'économie américaine a retrouvé une croissance solide et le plein-emploi, cette prospérité n'est pas bien partagée sous les angles sociaux et géographiques. La classe moyenne a été pulvérisée dans la hantise de la mondialisation et le cœur des États-Unis est rongé par la crise des opiacés.

Certains pourraient croire que l'élection de Donald Trump est l'aboutissement de ces constats, que j'ai évidemment simplifiés. En vérité, Donald Trump est peut-être le début de quelque chose. Que ce soit en matière de politique intérieure (immigration, programmes sociaux, sécurité sociale, système fiscal) ou de politique extérieure (démantèlement progressif des accords de coopération économique, d'immigration, climatiques, etc.), les États-Unis se libèrent de liens de coopération pour restaurer une logique de domination, d'ailleurs opposée à ce que des pays plus sages, comme la Chine, mettent en œuvre.

Donald Trump et le parti républicain arrachent les écorces d'un ordre social pour révéler et énerver le penchant obscur des hommes à la prédation. Ceci peut conduire à une hystérie collective d'autant plus plausible que les États-Unis s'alignent toujours dans le combat d'un ennemi, réel ou imaginé. Il suffit de penser à la légende des armes de destruction massive irakiennes. La question est donc de savoir quel sera l'aboutissement de la présidence de Donald Trump.

Je crains donc que le contexte sociétal américain puisse subir un choc implosif. Des foules exaltées et hystériques qui hurlent contre leurs institutions et leurs médias dans le rappel des blessures de la guerre civile et de la ségrégation, une négation des institutions représentatives au travers d'un plébiscite porté par les réseaux sociaux et un président qui crée, sans nier son charisme – et peut-être à cause de cela –, une frénésie : tout cela pourrait entraîner des violences politiques et des violences envers les journalistes. En effet, peut-on, aujourd'hui, postuler que la liberté d'expression est respectée alors que le président martèle que les médias sont manipulés et entretiennent des *fake news* ? Comment appréhender une administration présidentielle qui halète sous la recherche du plébiscite digital en conspuant les institutions et leurs représentants, alors même que des enquêtes pour collusion avec l'ennemi de la Guerre froide sont lancées ? Combien de temps un pays peut-il résister, sans sombrer, à cet univers orwellien ? Des sénateurs, des journalistes sont nominativement vilipendés dans l'affirmation que ce ne sont pas de « bons Américains ». La presse locale le suppute à mots voilés : leurs vies sont, le cas échéant, menacées. Et aujourd'hui, l'ONU considère que Donald Trump incite à attaquer des journalistes. Souvenons-nous, dans un autre contexte, de cette députée anglaise, Jo Cox, assassinée car elle s'opposait au Brexit. C'était un signal faible, mais aussi une clameur, de l'Histoire. Que se passerait-il, dans un tel cas, aux États-Unis ? Je ne sais pas.

Peut-être que les États-Unis font germer des ruptures civiles. Et des conflits, sachant que depuis leur indépendance, ce pays a été près de 225 années en guerre. Donald Trump ne pourra pas entretenir l'imminence du déchaînement de la force sans y entrer à moins – et ce serait un scénario tout autant épouvantable – que cette violence soit intravertie et donc interne au pays ?

J'ai l'étrange intuition qui, je l'espère du fond du cœur, sera démentie, que l'élection présidentielle américaine de 2020 pourrait ne pas se passer normalement. Elle sera, en tout cas, dangereuse pour ceux qui s'opposeront à la ploutocratie qui se met en place car la nature de la représentation publique mute.

Une fois que tout l'actif social et fiscal aura été soldé et que la prospérité américaine devra s'acquérir au détriment d'autres nations, que se passera-t-il ? Quand Wall Street aura terminé d'anticiper des réformes qui finiront par s'atténuer, comment les marchés financiers réagiront-ils ? Et quand tout cela sera consommé, à quoi assisterons-nous ? À des tensions civiles ? À des phénomènes insurrectionnels que des pouvoirs plus forts tenteront de juguler tout en les embrasant ? À l'instauration de la loi martiale ? À des guerres ? Je ne le prédis pas, ni ne l'espère, mais c'est, même avec une très faible probabilité, plausible.

É.d.B. — Ou ce seront des révolutions... Surtout quand une société précarise durablement sa classe moyenne, qui est son élément de stabilité démocratique.

B.C. — Avec, de manière extrême et sans que nos pays européens soient concernés, le recours à la répression civile. On évoque souvent dans ce cas de figure soit la révolution, soit la dévaluation, ce qui correspond aux facteurs de production. La dévaluation n'est pas assassine : quand elle intervient, l'économie monétaire ne tarde pas à retrouver d'autres équilibres. C'est d'ailleurs son objectif. Par contre, quand l'ajustement monétaire ne suffit pas, se produisent alors des phénomènes relevant de l'évolution vers la mise en cause de l'ordonnancement social. À cet égard, j'ai l'impression qu'on entre dans une période indécise où les États européens n'ont pas montré qu'ils étaient individuellement ou collectivement capables de reprendre la main et de tempérer un capitalisme anglo-saxon qui a enflé. Il faut aussi se rendre compte que nous sommes dans une configuration de monde digital, c'est-à-dire un monde de flux plutôt qu'un monde de stocks. Et comme les flux ne sont par essence pas susceptibles d'être ancrés à des endroits géographiques précis, ça paraît d'autant plus difficile aux États européens de pouvoir réguler quelque chose qui leur échappe.

Incidemment, Donald Trump bouleverse l'ordre d'après-guerre et l'équilibre géopolitique stabilisé après le sabordage de l'URSS en 1989-1991. Je crois que ce n'est pas une question d'idéologie mais de conviction que le progrès est individuel, ethnique et fondé sur l'esprit prédateur. C'est l'Europe qui sera évidemment la victime de cette mutation et, sans intelligence collective, l'Union européenne, dont le fédéralisme est déjà réfuté par de nombreux pays, pourrait très rapidement s'effriter. Il suffirait que les États-Unis se retirent de l'OTAN, ce qui est désormais plausible à terme, et ciblent, par des mesures protectionnistes, les industries de certains pays afin qu'aucune réponse européenne homogène ne puisse plus être formulée. Dans cette situation, aggravée par l'incapacité de l'Union européenne à donner des réponses apaisantes aux grands défis sociaux, industriels, climatiques et migratoires, les prochaines années pourraient être très difficiles à traverser dans l'apaisement social.

L'Europe devrait d'ailleurs examiner plus en profondeur le modèle chinois plutôt que d'être fascinée par le modèle américain. En Chine, la recherche de la prospérité collective n'est plus de nature exclusive ou autarcique. La gouvernance chinoise semble plutôt fondée sur un postulat d'harmonie autoritaire plutôt que sur un modèle idéologiquement isolationniste. Nous aurons des difficultés à saisir l'évolution de ce modèle qui est très éloigné de nos réflexes culturels déductifs, et que nous devrions donc étudier, alors que l'économie choisie est un subtil mélange d'ondoiement inductif et d'ambitions globales. Au reste, toutes les évolutions commerciales et géopolitiques nous conduisent à l'évidence à développer des relations stratégiques et surtout structurelles avec la Chine qui nous donne tous les signes d'un partenariat solide. L'équilibre du monde se modifie.

É.d.B. — Dans ce monde économique liquide, voire gazeux, seul un arbitre global peut harmoniser les flux. Cependant, chacun s'en rend compte, la globalisation est laborieuse. La seule bonne nouvelle récente, même si elle s'est révélée plus symbolique que réelle, fut l'accord sur le climat de Paris. Beaucoup se sont réjouis et se sont dits : « Tiens, voilà que les nations se mettent d'accord pour prépare un avenir digne de l'humain ! » Et puis... pas grand-chose, si ce n'est les États-Unis qui se retirent théâtralement de l'accord.

Donald Trump, oui, mais il y a de prometteuses innovations aux États-Unis, notamment en Californie, et qui échappent à la décision du président.

É.d.B. — Oui, il y a des initiatives qui vont dans le bon sens. Le film *Demain* est un message puissant de ce point de vue. Il montre qu'il existe de nombreux *renaissants*, soit ces personnes qui se veulent actrices de la transition vers un mode de vie durable pour la planète. Combien sont-ils cependant ? L'enquête « Noir Jaune Blues », que la fondation *Ceci n'est pas une crise* a lancée, est parvenue à la conclusion que ces *renaissants* comptent pour un quart de la population occidentale. Face à eux se trouvent un quart de perdants de la mondialisation, en proie à une sourde colère, un quart de personnes désireuses de garder leurs acquis et qui freinent tout changement et un quart d'indécis... Les *renaissants* représentent donc une force, mais le front du repli et de la colère est plus important encore. Ce sont eux qui semblent d'ailleurs aujourd'hui donner le ton électoral.

Face aux populations qui tirent en sens divers, les grands acteurs politiques actuels semblent comme tétanisés et n'arrivent pas à prendre les mesures nécessaires pour affronter la dérégulation.

B.C. — Je pense qu'ils n'en ont pas envie. Et les institutions mondiales ont perdu la main. L'année 2008 a peut-être été le point de basculement à cet égard, dans un environnement où les États européens ont dû admettre qu'ils avaient perdu l'avantage. À l'aune de la volumétrie des produits financiers, les pertes des subprimes n'ont été qu'une crise millimétrique. Ces subprimes ont bien sûr fragilisé les banques mais, par la suite, ce sont les dettes publiques qui sont devenues le problème : elles le restent d'ailleurs aujourd'hui puisque le système bancaire a dû être mis partiellement sous tutelle publique et qu'il le restera tant que les dettes publiques seront autoritairement financées par l'épargne des particuliers et des entreprises.

Les États sont intervenus donc...

É.d.B. — La crise de 2008 a constitué un choc systémique qui a engendré une série de jeux de dominos. On était alors peut-être à la veille de l'implosion du système. Il fallait dès lors dare-dare redonner de la confiance, particulièrement aux épargnants. Cela a amené Gordon Brown, alors premier ministre britannique, de convaincre le président Nicolas Sarkozy, puis le président George W. Bush, de faire en sorte que les États garantissent les dettes des banques pour rétablir la confiance ébranlée dans le système financier. Soit dit en passant, en matière de transfert de dettes privées, c'était très bien joué de la part des Américains, puisque ce sont les États européens qui ont offert leur garantie pour apurer des dettes immobilières américaines.

Depuis dix ans, cet endettement qu'on avait essayé de juguler a repris de plus belle. Au grand désarroi du petit peuple qui ne comprend pas.

Il se sent grugé.

É.d.B. — Il se sent grugé, en effet : ce sont les pertes du capitalisme qui sont nationalisées ! Et si demain il y a un nouveau choc systémique, sans doute d'une ampleur plus grande encore, toute l'austérité n'aura servi à rien…

B.C. — Il sera sérieux. Mais ce sera aussi le cas aux États-Unis. Là-bas, la vie est dure, extrêmement rude. Il n'y a pas de filet social et les chocs économiques, comme la crise de 2008, abattent des populations socialement à la dérive. Les tensions raciales ont toujours été exacerbées (souvenons-nous des émeutes de 1992 suite à l'affaire Rodney King) et trouvent leur aboutissement dans une réalité policière moins sympathique que celle de Starsky et Hutch.

Les addictions (opioïdes, alcools, etc.) font des ravages à telle enseigne que l'espérance de vie des Blancs, pourtant traditionnellement (et scandaleusement) plus élevée, stagne ou baisse. Les grandes villes du Midwest sont devenues de dangereux chancres. Pour faire court, si on enlève deux bandes de 50 kilomètres chacune aux côtes Est et Ouest, on a un pays qui, malgré une santé économique globale florissante, voit ses inégalités sociales s'aggraver et entretenir l'idée que la globalisation a escamoté l'emploi et la flamboyance industrielle d'après-guerre. Il faut avoir vécu et étudié dans ce pays pour le savoir : les États-Unis restent une contrée de pionniers qui alimentent une vision prédatrice du progrès et de l'enrichissement. Ceux qui ont forgé cette nation furent les exilés de mondes qui ne voulaient plus d'eux. Ils ont dû se frayer un chemin dans des contrées hostiles au prix d'une conquête qui ne s'est jamais apaisée puisqu'ils imposent leur monnaie et leur armée comme la garantie de leur suprématie. Leur économie reflète cette réalité. S'il y a un choc, il sera donc socialement sévère.

É.d.B. — Il n'y aura alors plus aucun pays assez solide financièrement pour pouvoir dire comme en 2008 : « Je mets ma garantie. », car les États sont trop endettés.

B.C. — Oui, les dettes privées, petites en réalité, sont devenues un gigantesque problème de dettes publiques, ce qui a conduit les banques centrales à les transformer en monnaie. Les États européens n'ont pu faire qu'une chose : remplacer un symbole, la dette, par un autre symbole, la monnaie. L'économie réelle a peu changé et le sentiment de bouleversements imminents plane sur le monde comme un nuage sombre. Parfois, je ne sais plus dans quelle décennie nous sommes et je comprends ce que ma grand-mère et mon grand-père maternels, qui avaient traversé deux guerres, me disaient sur ce sentiment de soumission aux événements qui échappent à la rationalité individuelle pour s'engouffrer dans la folie collective. En quelle année sommes-nous ? 2018 ? 1984 d'Orwell ? 1933 à Berlin ? Ou bien, comme je l'espère toujours profondément, en 1933 à Washington ?

Car, pour ceux que les précédents ne rassurent pas, nous entrons peut-être dans les années 1930. Vraiment, du fond du cœur, je garde l'espoir d'un avenir optimiste qui guide ma démarche humaniste et de professeur d'université, mais je dois conjurer certaines de mes préoccupations. Je ne parle pas de crise financière imminente mais plutôt de valeurs sociétales, morales et humanistes. Nous serions alors exactement en 1939, dix ans après la crise de 1929, dans le doute existentiel des migrations gyroscopiques et autres vagues de rejet et de protectionnisme qui ont précédé le second conflit mondial. Tout se met en place : les pouvoirs autoritaires, la dissolution des accords commerciaux, les fermetures de frontières, les raidissements populistes. Tous ces événements, que je relie peut-être maladroitement et artificiellement, ont bien sûr de profondes et divergentes généalogies. Mais en Italie, pour certains, Mussolini n'est pas très loin. La Bavière des années sinistres non plus alors qu'elle se dissocie du pouvoir fédéral allemand. Du côté maternel, un de mes aïeux venait de Moldavie. C'était un Rom, accueilli en Belgique après une dangereuse marche de 2 000 kilomètres. Les Roms seront désormais recensés, et pour certains expulsés d'Italie, alors que dès les années 1930, certains départements français les refoulaient. Un autre de mes aïeux était un Belge émigré aux États-Unis car en Flandre, au milieu du XIXe siècle, les paysans mouraient de faim. Il aurait probablement aussi été expulsé. Ses descendants ont certainement eu très peur pendant les deux conflits mondiaux. J'espère qu'elle ne nous gagnera pas tous. Mais rien n'est perdu et c'est le message que je tente de partager : il faut être en pleine conscience de ce qui se passe et non pas dans la banalisation des outrances. Le temps nous est compté. Ce qui est en jeu, c'est la paix et la bienveillance sociales. Nous n'arriverons pas à vivre dans des mondes hermétiques. Il faut ouvrir le débat moral et sociétal avec une vision humaniste. Et comme disait Camus, parfois ne pas mettre son fauteuil dans le sens de l'Histoire. Incidemment, c'est justement là que se situe mon alerte : les États-Unis que nous observons ne sont plus à l'époque du New Deal de 1933.

Par ailleurs, il faut le répéter, comme ses dirigeants le clament, l'année 2018 est cruciale pour l'Union européenne. Après le Brexit, ce sont d'autres fractures qui fissurent l'héritage des deux guerres mondiales et de la chute du Mur. Les courants religieux ancestraux (catholiques, réformés et orthodoxes) se raidissent tandis que l'Islam se juxtapose sur la réalité de la mixité sociale et démographique. À l'Est, les pays du Višegrad s'opposent à la tempérance migratoire tandis que la Bavière catholique suggère sa sédition politique avec Berlin. L'Italie s'engage dans une aventure politique dont Salvini sera, un jour, le premier ministre. De surcroît, comme je l'ai déjà dit, l'Europe monétaire du Sud n'a jamais pardonné que son chômage ait servi de variable d'ajustement à la prospérité capitalistique de l'Europe du Nord. La périphérie de l'Europe est en bouillonnement évident. Que se passe-t-il ? Est-ce l'exaspération devant des technocraties oligarchiques ? Un relent de cette crise de 2008 ? Le rejet

« Le flux économique qui s'accélère sans cesse me fait penser à un jongleur qui jette, à chaque fois, un nombre de balles grandissant dans les airs, raison pour laquelle il doit être de plus en plus concentré. Mais si jamais il échoue à rattraper l'une d'elles, elles tombent toutes à terre. »

Éric de Beukelaer

de la mondialisation et d'une frénésie capitalistique anglo-saxonne ? Je ne sais plus. Mais une chose est certaine : les événements se précipitent. Tout va vite. Le pire serait de se retrouver aux abords du traité de Verdun qui sépara l'Empire de Charlemagne, dans les tumultes du XVIe siècle ou dans les rêves d'Empires d'antan. Ou plus grave, au terme de la Belle Époque. Car cela, et au-delà des engouements frénétiques pour des solutions simplistes, il faut le réfuter. Ça finit mal. Toujours. Soyons-en les porteurs de conscience. Comme disait le philosophe Vladimir Jankélévitch : « Il faut penser tout ce qu'il y a de pensable dans l'impensable. »

En quoi consiste un choc systémique ?

É.d.B. — Le flux économique qui s'accélère sans cesse me fait penser à un jongleur qui jette, à chaque fois, un nombre de balles grandissant dans les airs, raison pour laquelle il doit être de plus en plus concentré. Mais si jamais il échoue à rattraper l'une d'elles, elles tombent toutes à terre. Je rappelle à nouveau l'image du fleuve dont le débit grossit sans cesse. Tant que les digues tiennent bon, tout va apparemment pour le mieux. Mais dès que la plus fragile d'entre elles cède, bonjour les dégâts ! C'est alors tout le système qui s'écroule. Je perçois par exemple un risque de choc systémique à partir de ce que l'économiste belge Robert Triffin (qui fut conseiller du président Kennedy aux États-Unis) a appelé un « dilemme » ou un « paradoxe » : une nation dominante impose naturellement sa monnaie au monde comme monnaie de référence. Pour que cette monnaie circule mondialement, cette puissance doit faire croître son endettement par rapport au monde. Ceci lui donne de vivre à crédit sur le dos de la planète, jusqu'au moment où cette dette structurelle l'affaiblit et qu'un rival survient. Depuis les accords de Bretton Woods, le dollar est la monnaie de référence dans le monde (ce que l'économiste Keynes voulait empêcher au profit d'une monnaie non nationale). À partir de 1971, le billet vert l'est même de façon absolue, c'est-à-dire sans convertibilité en or. Les États-Unis ont donc inscrit leur supériorité militaire dans une prédominance économique.

Mais les choses changent. Un puissant rival est en train de grandir militairement, mais aussi économiquement. C'est la banque nationale de Chine qui possède aujourd'hui la plus importante réserve en dollars. Dans la mesure où les Chinois voudraient un beau jour mettre les États-Unis par terre, ils pourraient porter l'estocade en réclamant brutalement le remboursement de la dette, ruinant de la sorte la confiance mondiale dans le dollar. Ils hésiteront à le faire, car cela les appauvrirait par effet de boomerang. Sauf si un jour, la tension et le rapport de force sont tels que cela semblera à Pékin la solution politique la plus intéressante à long terme.

Si cela arrive, que se passera-t-il ? Tant que la confiance existe dans son symbole, un dollar faible rend les États-Unis plus compétitifs. Par contre, si plus personne ne croit au dollar et en la puissance américaine, tout peut changer... Au cours de la crise de 1929, on est ainsi passé de la livre sterling au dollar comme monnaie de référence. Ne pourrait-il pas y avoir un transfert de ce type, un jour ou l'autre, du dollar au yuan ? Les deux grands protagonistes que sont la Chine et les États-Unis se tiennent en joue : le second garde une certaine prépondérance économique, mais elle est déclinante, face au premier qui se développe dans tous les secteurs bénéficiant d'une montée en puissance adossée à sa taille démographique.

B.C. — Je rejoins Éric sur la notion de risque systémique. Il s'agit d'un risque de bouleversement de l'ordonnancement qui perd sa substance. C'est un risque endogène parce qu'il est non diversifiable. Aujourd'hui, il y a selon moi deux éléments majeurs qui pourraient entraîner un risque financier, et exclusivement financier car je ne parle pas des autres risques sociétaux. Il y a d'abord le fait que l'endettement du monde est trop important. Ce ne sont pas les crises boursières en tant que telles qui fragilisent un système, mais plutôt la capacité d'emprunts et de prêts des intervenants les uns par rapport aux autres. Le monde vit constamment à crédit, donc il connaît un recyclage permanent de l'épargne dans des conditions qui sont maintenant artificiellement favorables. L'autre élément du risque tient effectivement au fait que le dollar est une devise prédominante et qu'un jour cette domination peut progressivement disparaître. Ceci étant, je crois que ces risques sont tellement apparents qu'ils seront évités ! Je reste donc résolument optimiste. D'ailleurs, si un choc systémique se manifestait, le système monétaire des banques centrales et commerciales évoluerait rapidement vers un état de nationalisation. En d'autres termes, les autorités publiques se réapproprieraient le fonctionnement des marchés. C'est d'ailleurs déjà, pour partie, le cas actuellement.

Mais vous avez dit précédemment que les États avaient perdu la main. N'est-ce pas contradictoire ?

B.C. — Si les États européens se sont immergés dans le marché, ce sera paradoxalement vers eux que le monde se tournera en cas de choc systémique. L'État est la bouée de sauvetage du marché mais ce sera au prix d'un contrôle accru des flux financiers, comme après 2008. Ceci étant, toute vision futurologique est complexe. En effet, il faudrait restaurer l'État dans ses prérogatives d'imposition d'équilibres sociaux-économiques mais, en même temps, les réponses idéologiques et collectives formulées par le pouvoir politique se sont égrenées et atomisées en des adaptations marginales destinées à accompagner la mutation de l'économie. Cette transformation, épanouie par la mondialisation et la diffusion mondiale du capitalisme, s'est juxtaposée à l'irradiation de l'économie de marché. Aujourd'hui, telle une nappe qui s'étend, des entreprises privées sont plus puissantes que les États européens. Elles déplacent les centres de croissance et imposent un ordre institutionnel innommé, en capturant les leviers de l'autorité régalienne à leur bénéfice actionnarial. Au reste, si le terme d'économie mixte se référait naturellement à une configuration étatisée – et de gauche – de l'économie, c'est aujourd'hui du côté libéral qu'il faut chercher la mixité de l'expression publique et de la dominance du marché.

Inévitablement, la zone d'influence relative des pouvoirs législatifs et exécutifs s'est déplacée en faveur de ces derniers puisque la sphère de réflexion politique s'est amoindrie au profit d'une adaptation de la gestion de la cité aux flux de l'économie. Le pouvoir politique a subtilement perdu son attribut politique pour se transformer en technostructure, qu'on devrait plutôt qualifier d'écosystème opaque, imbriqué dans le marché et destiné à en faciliter la mutation et l'optimisation constantes. Aujourd'hui, c'est le marché qui domine la sphère politique, d'autant que les principaux attributs de l'État, à commencer par la monnaie, sont désormais subordonnés à un ordre marchand supérieur.

Les exemples de cette mutation sont nombreux. Ainsi, indiciblement, le corpus de lois se transforme en des réseaux de normes émanant d'un espace « tampon », d'une zone grise établie entre des entreprises, des lobbies et des gouvernements et au sein de laquelle l'État devient difforme. Ces normes ne sont pas absolues mais s'expriment en relativité par rapport à l'évolution marchande. À titre d'exemple, la politique budgétaire d'un pays conditionne son endettement public dont la qualité est normée par des agences de *rating* ressortissant à l'économie privée. Cet endettement public est lui-même souvent soumis au droit étranger : de nombreux pays d'Europe continentale empruntent sous droit anglais, c'est-à-dire sous un droit jurisprudentiel et contractuel, très éloigné du contexte civiliste. La valeur d'un État ne se mesure plus en fonction de ses capacités réelles de développement harmonieux mais en fonction de l'idée d'influence que les marchés lui accordent. La gestion de la crise grecque l'a suffisamment démontré. On argumentera bien sûr que cette évolution est choisie et non imposée. C'est correct : l'État ne disparaît pas mais se transforme en prolongement de l'économie de marché.

Certains évoquent même l'évolution des États européens vers un rôle d'huissier ou de notaire des marchés financiers. Quoi qu'il en soit, leur souveraineté dans le temps et l'espace disparaît graduellement. C'est problématique car on ne gère pas un État comme une entreprise. Une entreprise est, par essence, en quête du monopole et obéit aux lois de rentabilité du marché qu'elle essaie d'influencer. Un pays se gère dans le subtil équilibre de la prospérité individuelle et de la solidarité collective, ce qui suppose une orientation de politique économique. Il n'existe pas de choix économique sans qu'il soit politique car l'économie ne peut se prévaloir d'aucun absolutisme.

Cette évolution est perceptible dans de très nombreux domaines. C'est le cas de l'enseignement supérieur. Les orientations de ce dernier restent l'apanage des pouvoirs publics mais progressivement, à coups de *soft powers* et de financements « de recherche », des entreprises privées en modifient la nature et le contenu afin de l'aligner, de manière utilitariste, sur leurs objets sociaux. Cela constitue des économies d'efficience dans un contexte économique caractérisé par la nécessité d'une productivité immédiate. Pourtant, l'objectif de l'université n'est-il pas d'apprendre à réfléchir plutôt que de fonctionner ?

Le troisième pouvoir, la justice, est aussi concerné. Des entreprises privées, émanant essentiellement du domaine technologique, paramètrent, au travers de bases de données et autres attributs de l'intelligence artificielle, les prononcés de justice dans de très nombreux domaines. On peut, bien sûr, considérer que cette évolution (qui rend incidemment poreuse la frontière entre des avocats privés et des juges) conduit à plus d'efficience. En même temps, on peut s'interroger sur la perte prévisible de la pertinence du choix décisionnel humain qui sera mis en concurrence avec la machine. Bientôt, la justice sera remplacée par l'intelligence artificielle.

Le domaine de la discipline sociale appartient aussi à cette évolution. La police et l'armée seront bientôt complétées par l'intelligence artificielle qui permet la prédiction de la stabilité de l'ordre public et la gestion des conflits. Nous n'en sommes pas à RoboCop, mais plus très loin. De surcroît, les meilleurs alliés des États sont les réseaux sociaux. Si certains prédisent, à tort, leur implosion sous les *fake news*, on s'oriente plutôt vers leur dominance croissante au travers d'un partenariat avec des États vassaux qui doivent admettre que ces réseaux connaissent mieux leurs citoyens qu'eux-mêmes. Les FAANG vont immanquablement devenir des supports étatiques tout en déchargeant les États de nombreuses tâches pour lesquelles la technologie permet des progrès foudroyants : diffusion de la connaissance, progrès médicaux, gestion logistique de la cité, assurabilité des personnes et des biens, traçabilité parfaite des flux monétaires, surveillance des comportements déviants par rapport à des normes imprécises, etc. Incidemment, combien de temps les États européens vont-ils tolérer que des entreprises étrangères les connaissent mieux qu'eux ?

Sous l'angle sociologique, cette évolution est facilitée par l'architecture politique des pays anglo-saxons au sein desquels les carrières des décideurs sont mobiles entre les secteurs publics et privés. Là-bas, l'État est au service du marché. Cela a donné naissance à une *gentry* politico-financière qui délaie l'action politique dans une confusion d'intérêts. En Europe continentale, la juxtaposition des différents acteurs des sphères politiques, syndicales et patronales entretient un mouvement de consensus mais englue l'action politique dans son inféodation à l'économie. Même les entreprises publiques, c'est-à-dire détenues par l'État, en demandent le détachement. À nouveau, l'État n'est pas démantelé mais dilué dans les théories de l'efficience des entreprises privées…

Quel est l'aboutissement de nos démocraties dans ce contexte qui est, de surcroît, caractérisé par la délégation de nos consciences et acquis culturels à des fluences de réseaux sociaux non seulement soumis à l'instantanéité de l'information, objective ou manipulée, mais aussi dominé par l'expression la plus autoritaire du marché, à savoir le monopole ? Certains préconisent la mutation des démocraties représentatives vers des démocraties participatives, mais ce serait une erreur fatale car cela accentuerait la délégation de l'expression politique aux règles du marché. D'autres envisagent des despotismes éclairés avec la question de savoir qui apportera la lumière dans des communautés dominées par ces monopoles informationnels privés. Glissons-nous vers des ploutocraties oligarchiques teintées d'un ordre consumériste avec le consentement non éclairé du peuple, consommateur et électeur ? Et dans ce contexte, serons-nous capables d'entretenir un sens critique destiné à fonder l'acuité politique car, de manière paradoxale et schizophrénique, les États vont devoir devenir plus autoritaires afin de rencontrer les impayables engagements sociaux promis à une population vieillissante dans un contexte où ils ont « perdu la main », même pour la gestion de leurs propres infrastructures ?

C'est un immense débat et un défi politique. Il faut donc restaurer l'État dans ses attributs régaliens. Son rôle est d'encourager l'initiative entrepreneuriale privée, de

« Serons-nous capables d'entretenir un sens critique destiné à fonder l'acuité politique car, de manière paradoxale et schizophrénique, les États vont devoir devenir plus autoritaires afin de rencontrer les impayables engagements sociaux promis à une population vieillissante dans un contexte où ils ont "perdu la main" . »

Bruno Colmant

combattre les monopoles et rentes de situations dommageables à la concurrence, et de formuler un cadre de redistribution juste. En effet, l'économie de marché ne coïncide pas avec un pouvoir public chétif. Au contraire, celui-ci gagne en importance dans un modèle économique qu'on veut dépouillé de monopoles et d'oligopoles. C'est cela qui a changé par rapport au capitalisme tempéré d'avant les années 1980 : les monopoles étaient combattus et démantelés. Ce combat est prioritaire.

É.d.B. — Bruno le dit bien – sans une restauration de l'État dans ses attributs régaliens, ce sont les *big data* qui deviendront les dépositaires de la souveraineté. Mais – une fois encore – quel État pour tenir tête aux FAANG ? Déjà, la France et l'Allemagne ne font pas vraiment le poids. Alors, la Région wallonne ou bruxelloise... D'où le besoin d'une Union européenne avec une politique économique, fiscale et budgétaire intégrée. D'où aussi le plaidoyer de l'Église catholique pour l'installation d'un réel arbitre politique – sans doute émanation de l'ONU – qui fixerait les règles et canaliserait l'économie mondiale. Inutile de faire une longue démonstration pour souligner que cet objectif n'est pas atteint. Pire, qu'on s'en éloigne. Ceci, parce que la vassalisation croissante du politique au marché libre, qu'a fort bien décrit Bruno, fait en sorte que le peuple se détourne de ce qu'il perçoit comme une superstructure technocratique asservie au marché. Et que les populistes de tout poil capitalisent là-dessus.

Donc, on est en présence d'un robot qu'on a créé et ce robot s'autonomise tellement qu'il dévore celui qui l'a créé.

B.C. — Oui, d'où la fameuse maxime de Lénine qui disait que les capitalistes nous vendront eux-mêmes la corde avec laquelle nous les pendrons. Mais, à nouveau, ceci est le propre d'un capitalisme débridé qui s'épuise dans la recherche de l'enrichissement malgré des rendements décroissants et qui implose sous sa propre prédation, elle-même porteuse de la violence physique qui prolonge celle de la monnaie. Notre modèle européen ne s'inscrit pas dans cette logique, raison pour laquelle il faut entretenir un dialogue intelligent et apaisé, et non pas confrontationnel, entre les États et la sphère marchande. Nous devrions retrouver l'apaisement capitalistique et social d'après-guerre dans une logique d'entreprenariat sain et de bienveillance sociale. C'est cela un véritable projet de société. C'est même cela une promesse de société qui va plus loin que la somme des intérêts individuels. C'est cela une solidarité, un lien communautaire.

É.d.B. — Pas plus que Bruno, je ne suis suspect de marxisme, mais il y a intérêt à retrouver la pensée de Marx. Avec Engels, c'est un excellent sociologue et un fort bon économiste.

B.C. — Un économiste interpellant. Implacable même dans le domaine de la compréhension du phénomène de la monnaie. Mais comme toute théorie soumise à la prédation, elle fut pervertie. Peu d'économistes ont bien compris Marx, d'ailleurs. Et je parle ici de l'économiste. Uniquement de l'économiste, si tant est qu'on peut le distin-

« Une centaine de familles détiennent la moitié de la richesse de la planète… La donnée est économiquement inattaquable (ces personnes n'ont pas volé ce qu'ils possèdent), mais moralement totalement injustifiable. »

Éric de Beukelaer

guer du philosophe ou du sociologue. Incidemment, Marx ne réfutait pas du tout les thèses d'Adam Smith, le premier théoricien du libéralisme.

É.d.B. — Comme le rappelle Bruno, Marx a décrit avec pertinence la question monétaire. La limite du marxisme, pour moi, est de nature philosophique. Marx se base sur l'analyse de l'homme de Rousseau : pour l'auteur du *Contrat social*, l'homme naît bon mais c'est la société qui le pervertit. Si on change la société, l'homme s'en trouvera automatiquement changé. La vision chrétienne ne cautionne pas cette utopie. L'idée biblique du « péché originel » consiste à constater que l'humain est spirituellement ambigu et moralement boiteux. On l'a vu dans la société bolchevique, une société sans classes qui a abouti à une dictature dure, où ceux qui sont arrivés au pouvoir sont devenus pires que ceux qu'ils ont remplacés.

Tout en sachant qu'il est capable du pire, le christianisme professe cependant que l'homme est capable du meilleur. C'est dans cette perspective que j'insiste une fois encore sur l'importance primordiale de la justice. À la justice au sens économique (justice commutative : le pain coûte deux euros pour un milliardaire comme pour une fille-mère au chômage) et politique (justice distributive : la redistribution de la richesse nationale par les élus du peuple qui permet à la fille-mère au chômage de nourrir sa famille grâce aux impôts payés par le milliardaire), se superpose le sens moral du mot. Pourquoi l'humain ne se contente-t-il pas de la froide adéquation de la justice économique (ou commutative) du « juste prix » ? Parce que, quand une fille-mère n'arrive plus à nourrir ses enfants, une voix crie du tréfonds de notre conscience : « Ce n'est pas juste ! » D'où la nécessaire médiation du politique au nom de la justice distributive.

La notion de justice souligne que – si la dynamique économique est en soi amorale – le système capitaliste ne peut fonctionner qu'avec des humains dont le sens moral n'est pas totalement anesthésié. Est-ce envisageable dans un monde où une centaine de familles détiennent un pourcentage très élevé de la richesse mondiale ?

B.C. — Oui, elles en détiennent 50 %. Ce sont essentiellement des actionnaires étrangers. L'Europe ne connaît pas cette situation. Ceci étant, au risque de choquer certains lecteurs, ce n'est pas la concentration de richesses qui, en tant que telle, est un problème : c'est son éventuelle absence de recyclage sous forme d'emplois suffisamment rémunérés afin d'assurer une redistribution dans la justice sociale et dans un projet de société tempéré. C'est aux États-Unis et dans les nouveaux pays capitalistes que les inégalités grandissent, pas dans les pays de l'ancienne Europe continentale, même si des réalités inquiétantes apparaissent en matière de pauvreté, notamment en Belgique.

É.d.B. — Une centaine de familles détiennent la moitié de la richesse de la planète… La donnée est économiquement inattaquable (ces personnes n'ont pas volé ce qu'ils possèdent), mais moralement totalement injustifiable. Ces ultra-riches ne sont pas pour autant des êtres immoraux. Ils sont eux-mêmes pris dans un système. Il n'en reste pas moins que quelque chose n'est plus juste en présence d'une telle disparité : chacun s'en rend compte. Et c'est ici que le monde politique a un rôle médiateur à jouer entre la justice économique d'une part et la justice morale d'autre part. Car si on n'a pas un arbitre mondial pour assurer un minimum de redistribution, le capitalisme va crouler parce que le système va se mordre la queue.

B.C. — On en revient immanquablement à la base de notre échange : lorsque le capitalisme européen, rhénan et tempéré a été remplacé insidieusement par un capitalisme anglo-saxon fondé sur l'emprunt du futur plutôt que sur le partage de ce qui était accompli, les États européens se sont engouffrés dans les marchés financiers plutôt que de maintenir une place d'équilibre. Et pourquoi ? Parce qu'ils n'ont pas admis, individuellement et collectivement, que la croissance d'après-guerre avait été, pour une grande partie, liée à un choc démographique et une nécessité de reconstruction facilitée par le Plan Marshall. Lorsque les effets de ce rattrapage conjoncturel se sont dissipés, les États européens ont été interpellés pour continuer à alimenter ce bien-être. Mais ce dernier a été emprunté au travers de la dette publique. De manière collective et inconsciente, les pays d'Europe de l'Ouest ont perverti le capitalisme rhénan pour emprunter leur futur dans une course effrénée à l'endettement. Et, singulièrement, je parle ici des pays catholiques plutôt que protestants.

Je voudrais, à nouveau, revenir sur un point qui me semble crucial dans notre dialogue : contrairement à certaines thèses contemporaines, l'économie de marché ne coïncide pas avec un pouvoir public rétréci. Adam Smith n'a jamais rien dit de tel. Au contraire. L'État doit s'inscrire dans une logique à la fois régulatrice et protectrice.

Dans le livre IV de la *Richesse des nations*, Adam Smith définit les fonctions d'un État en charge de l'intérêt général. Il ne s'est pas contenté d'établir que la *main invisible* du marché transformait en optimum général des comportements individuels. Il souligne aussi qu'il existe trois biens ou des services auxquels la *main invisible* ne saurait pourvoir. Ils sont donc à la charge du Souverain ou de la République. Les deux premiers d'entre eux sont la défense et la justice. Mais Adam Smith ajoute : « *Le troisième et dernier devoir du Souverain ou de la République est celui d'élever et d'entretenir ces ouvrages et ces établissements publics dont une grande société retire d'immenses avantages, mais qui sont néanmoins de nature à ne pouvoir être entrepris ou entretenus par un ou par quelques particuliers, attendu que, pour ceux-ci, le profit ne saurait jamais leur en rembourser la dépense.* »

L'État doit donc s'inscrire dans une logique régulatrice et protectrice. Avant l'émergence des FAANG, les Anglo-Saxons l'avaient parfaitement compris : ils postulaient que la meilleure efficacité économique est obtenue par un morcellement des entreprises, tendant idéalement vers une concurrence parfaite, tant dans leur champ d'activités que dans leur actionnariat, préféré minoritaire et dispersé.

Dans un système qui est l'opposé d'une économie jacobine, les foyers d'innovation sont multiples, le système autorisant des réponses circonstancielles à la conjoncture. En simplifiant le raisonnement de manière outrancière, la recherche des rentes monopolistiques fonde le comportement de nombreuses entreprises privées. Face à une mondialisation qui crée des méta-entreprises privées, le rôle des pouvoirs publics doit se renforcer dans la régulation de ces quêtes de rentes. L'économie de marché n'aura pas d'aboutissement dans ce que certains qualifient de « théorie du choc », à savoir l'élimination de la sphère étatique, une répartition sociale homéopathique et une liberté d'entreprendre débridée.

Ceci ramène à un des grands défis de nos communautés occidentales : la répartition des richesses, c'est-à-dire l'alignement des intérêts privés et des bénéfices sociaux.

Il faut d'abord accepter que la recherche de la prospérité fonde le progrès. Les pouvoirs publics doivent ensuite guider la répartition de cette prospérité, insuffisamment mise en œuvre dans les pays anglo-saxons et trop souvent postulée avant sa création dans les pays latins. Si l'économie de marché est l'ordre naturel, ou même la réalité absolue de nos communautés occidentales, elle ne sera pérenne qu'en étant sociale et redistributrice.

É.d.B. — Petite illustration de ceci : dans son essai *La tyrannie du plaisir*, paru aux éditions du Seuil dix ans avant la crise (1998), le journaliste et essayiste français Jean-Claude Guillebaud évoque les conséquences induites par la délocalisation brutale et sauvage d'une entreprise en Europe. Un homme et son épouse, employés dans cette entreprise, sont contraints de déménager, les séparant ainsi de leurs parents respectifs, qui ne verront plus guère leurs petits-enfants. Mais au fond, soulève Jean-Claude Guillebaud, pourquoi a-t-on délocalisé l'entreprise ? Par suite d'une décision des actionnaires derrière lesquels se cachent des fonds de pension. C'est donc pour payer de plus grosses pensions aux grands-parents que ceux-ci souffrent désormais de solitude, de par le déménagement forcé de leur progéniture. C'est peut-être un peu caricatural, mais l'image montre qu'il n'y a pas un grand méchant capitaliste qui a voulu cela, mais qu'on est en présence d'un système qui – sans un contrepoids politique crédible – se mord la queue.

Dès lors, il faudrait qu'une instance internationale puisse, dans la mesure du possible, tempérer la cupidité d'un certain ultralibéralisme ou capitalisme financiarisé. Mais l'ONU, à l'image de la SDN qui l'a précédée dans l'entre-deux-guerres, n'y parvient pas.

É.d.B. — Je suis d'accord. Elle n'y parvient pas, parce que de puissants intérêts la freinent, profitant de l'état prédateur d'un monde qui navigue à court terme.

On est dans le présentisme.

É.d.B. — Si on parvenait déjà à empêcher les paradis fiscaux, ce serait un grand pas. Car, dans une économie gazeuse – une économie de flux –, il est possible de transférer en temps réel quantité de capitaux à l'autre bout de la planète... Là où il n'y a pas d'impôts. Conséquence : ce que les multinationales et conseillers fiscaux appellent pudiquement « l'optimalisation fiscale » vampirise les finances publiques, bras économique du pouvoir régalien de l'État. C'est ce que révèlent les *Panama Papers* et autres dossiers du même genre. Les États n'ayant plus de rentrées fiscales suffisantes issues des profits économiques se trouvent dépourvus de moyens nécessaires pour redistribuer la richesse... Bref, ils ne jouent plus leur rôle et leur impuissance alimente de furieux sentiments antipolitiques qui croissent au sein des populations se sentant abandonnées.

L'autre aspect de parasitage de la création de richesses est la prolifération sur les marchés – et à tous les niveaux – d'une spéculation de pure opportunité. Celle-ci ne peut être ralentie que par l'arme politique d'un impôt.

B.C. — Tu penses à la taxe Tobin ?

É.d.B. — Oui, une taxe Tobin qui porte sur les transactions spéculatives – mais à taux minimaliste, afin de ne pas pénaliser la vie économique (taxe, dite « Spahn », du nom de l'économiste allemand qui l'a promue). Une forme de spéculation est bonne pour l'économie, mais elle devient nocive quand, à grand renfort de ces méga-ordinateurs qui aujourd'hui régulent les marchés, elle se multiplie au rythme de milliers d'opérations à la seconde. En cas de choc systémique, les déséquilibres s'en trouvent amplifiés, de par les bulles créées et la panique spéculative qui suit leur éclatement. Une taxe minimaliste ne serait guère ressentie par l'agent économique qui crée de la richesse, mais dans l'optique d'un choc boursier, elle ralentirait l'emballement spéculatif. En termes d'image médicale, elle jouerait le rôle de stabilisateur artériel, qui évite l'arrêt cardiaque. Elle éviterait un emballement trop rapide et donc fatal du système.

Ce que je propose n'est pas purement cosmétique. L'apocalypse boursière, frôlée en 2008, n'est pas de l'ordre de la pure fiction. Dans la vie courante, tout propriétaire est obligé de souscrire à une assurance incendie. Le monde économique a subi en 2008 un embrasement général. Comme les banques n'étaient pas « assurées » contre ce risque (le fameux phénomène *too big to fail*), c'est l'État qui non seulement a joué aux pompiers, mais a également payé la note. Nous ne pouvons nous permettre de revivre cela. Il s'agit de mettre en œuvre des pare-feux, c'est-à-dire des mesures préventives. Si demain la vie économique implose et qu'une crise majeure anéantit toute confiance en quelque mode de paiement que ce soit, il ne faut pas être scénariste de films catastrophes à Hollywood pour entrevoir les réactions en chaîne que pareil effondrement provoquerait : conflits régionaux, désœuvrement de populations entières, démocraties en péril, etc. Je rappelle qu'en Allemagne, lors des élections de 1928, les nazis récoltèrent moins de 3% des voix... En 1930, ils gonflèrent à plus de 18%. La crise de 1929 était passée par là.

B.C. — Freud avait parfaitement expliqué que la monnaie était un déflecteur social, destiné à éviter l'explosion de violences entre les citoyens. Au lieu de se battre pour acquérir un bien de l'autre, on a créé un symbole qui est un artefact dont on entretient la crédibilité par son usage quotidien et la confiance qu'on lui attribue. En réalité, ce facteur de déflecteur social fonctionne bien jusqu'au moment où la distribution de la monnaie devient inégalitaire. Dans ce cas, la monnaie ne suffit plus à éviter la violence sociale, mais elle devient alors parfois la source de celle-ci. Après la Seconde Guerre mondiale, jusqu'aux années 1980, elle a servi d'apaisement social. Mais depuis 2008, son rôle tempéré a été dépassé par le fait qu'elle porte en même temps sa propre violence par rapport à notre conception traditionnelle de la démocratie.

En ce qui concerne les dangers encourus par la démocratie, Aristote estimait, déjà à l'époque, qu'elle était un état temporaire. En effet, on voit apparaître un peu partout des oligarchies de nature purement financière : c'est le cas aux États-Unis avec Donald Trump. Il y a aussi des oligarchies d'essence militaire et dictatoriale. Il existe enfin des oligarchies particratiques.

Cet état des lieux est-il étonnant ? Je ne le crois pas. Je l'avais déjà pensé et écrit en 2010, et cela rejoint l'analyse qu'Éric vient de faire : même si je le réfute, car cela se termine par une perte de liberté individuelle et un frein à l'entreprenariat, la crise lancinante et l'aggravation des inégalités sociales pourraient conduire à une étatisation plus forte de l'économie, aiguillonnée par le populisme. Les déséquilibres qui s'annoncent pourraient être tels que les États seraient amenés à ordonnancer les structures sociales de manière beaucoup plus autoritaire. Mais la question est de savoir s'ils seront capables, avec suffisamment de tempérance, de capturer à nouveau cet ordonnancement social avant que les marchés financiers n'agitent le monde et dépassent le rôle traditionnellement détenu par les États. Deux possibilités se dessineront alors : soit on ira vers des États qui deviendront plus liberticides et qui auto-entretiendront leur légitimité de manière moins démocratique – avec l'avantage qu'ils arriveront peut-être à dominer un peu mieux les marchés financiers –, soit on assistera à l'amplification du rôle des marchés et ce sera alors une implosion sociétale. C'est donc un État qui retrouve sa légitimité dans le respect du travail et du capital qu'il faut réinventer. C'est l'essentiel de mon message.

Mais la classe politique mesure-t-elle nécessairement la dimension quasi dantesque de ce que vous mettez en évidence ? J'ai l'impression que les mandataires d'aujourd'hui font avant tout carrière, certes préoccupés par la gestion publique, et que les citoyens les voient le plus souvent comme étant ni plus ni moins à la solde des marchés. Astreints à des choses très rapides à effectuer, il leur manquerait aussi cette perspective historique et cette vision d'avenir qui sont la marque des grands hommes d'État. Qu'en pensez-vous ?

É.d.B. — Comme nous le constatons avec le réchauffement climatique, la force du déni est grande parmi les humains. Il n'empêche, beaucoup de politiques sont loin d'être stupides. Avec plus ou moins de lucidité, ils se rendent compte des enjeux que nous décrivons, mais ce ne sont pas des surhommes : 90 % voire 95 % de leur temps, ils sont la tête dans le guidon, obligés de mettre toute leur énergie au service de la résolution de problèmes urgents et préoccupés des prochaines échéances électorales. Au niveau de la République française, par exemple, on peut penser ce qu'on veut de la politique menée par le président Macron, mais force est de constater que c'est tout sauf un imbécile. Angela Merkel, en Allemagne, est également loin d'être une idiote. Ils perçoivent bien les choses, mais tous deux – incarnant l'axe de ce qui pourrait relancer le moteur européen – se heurtent à d'énormes difficultés en la matière : du côté allemand, on ne veut pas perdre son avantage concurrentiel de pays du Nord, profitant d'un euro relativement faible par rapport à la bonne santé de son économie et une balance commerciale positive ; du côté français, on a déjà

« Cela signifie que, dans un monde où l'immédiateté a augmenté, les pouvoirs publics, au lieu de compenser cette immédiateté instinctive des citoyens et de prendre du recul avec une vision dans le temps long, se sont allègrement engouffrés en elle. »

Bruno Colmant

bien du mal à se réformer. Quant à l'Italie, nul ne sait où elle va. Donc, les mandataires publics doivent faire face à une série d'urgences qui les empêchent souvent d'avoir le recul et la liberté nécessaires pour mener une politique qui affronte le fond des choses.

B.C. — Cela signifie que, dans un monde où l'immédiateté a augmenté, les pouvoirs publics, au lieu de compenser cette immédiateté instinctive des citoyens et de prendre du recul avec une vision dans le temps long, se sont allègrement engouffrés en elle. Dans cet ordre d'idées, dans tous les pays, on peut observer que les pouvoirs deviennent beaucoup plus exécutifs et sont nettement moins basés sur la séparation entre le législatif, l'exécutif et judiciaire. Le pouvoir politique s'est bizarrement laissé aspirer par l'état du monde.

É.d.B. — Comme Bruno le souligne, le risque est grand de voir le politique se diriger vers de plus importantes concentrations de pouvoirs. Face à cette tendance, je demeure un défenseur convaincu du *check and balance*, la balance des pouvoirs. Qui dit « pouvoir » doit penser à un « contre-pouvoir ». Il me paraît ainsi primordial que la société civile continue à s'organiser parce qu'elle est plus adaptée à une réflexion souple et concrète sur l'état du monde, élaborée en circuits courts. En outre, arrimée à un principe associatif, cette société civile est plus apte à résister à des décideurs qui seraient trop tentés par la concentration des pouvoirs. Entre le *Léviathan* de Hobbes et le citoyen, comme individu esseulé, il y a donc nécessité que la société civile s'organise comme lieu intermédiaire permettant de faire vivre un tissu social avec la liberté qu'offre la dynamique collective.

Les sociétés civiles actuelles sont-elles vraiment aptes à exercer ce contre-pouvoir qui, selon Montesquieu, est à l'épicentre d'une démocratie ?

B.C. — Non, au contraire d'Éric, je ne le vois pas. Le fait que nos démocraties glissent vers des oligarchies risque d'entraîner une disqualification du modèle de la démocratie représentative. Je le déplore. C'est la raison pour laquelle les citoyens parlent volontiers de démocratie participative, ce qui ne me semble pas non plus être la bonne solution, ne fût-ce qu'à cause de la frénésie informationnelle qui agite notre présent. Il existe certes des mouvements citoyens, mais sont-ils suffisamment structurants ? Je n'en suis pas sûr. Je vois plutôt émerger un populisme simplificateur.

É.d.B. — A priori, le combat est inégalitaire puisque l'État sera toujours plus fort que la société civile. Mais cette dernière est plus forte que l'individu face à l'État. Ce qui me fait penser que les corps intermédiaires peuvent permettre de corriger les dérives émanant des pouvoirs politiques.

Je reconnais que ce n'est pas gagné d'avance. Prenons l'exemple des médias, que d'aucuns décrivent comme le quatrième pouvoir, mais qui appartiennent en fait à la société civile. La presse est indispensable pour permettre à l'information de circuler face à l'État. Mais sa situation financière est tellement précaire que, sans les aides du même État, elle ne peut survivre. Pas plus qu'elle ne le pourrait sans une certaine dose de « tabloïdisation ». Si en Belgique, comme ailleurs en Europe, des quotidiens de qualité (*Quality papers*) continuent de paraître, cela est dû entre autres au fait que, dans leurs groupes de presse respectifs, il existe des journaux populaires qui, eux, rapportent plus d'argent. Le risque est donc grand que, dans un monde au tout-capitalisme, une presse libre et critique soit remplacée par une presse davantage greffée sur l'émotion et la sensation.

Beaucoup ont cru que le monde numérique allait corriger cette érosion médiatique, que grâce à lui chacun pourrait devenir son propre journaliste : ainsi, j'entretiens un blog, tout comme Bruno. Il s'agit, en effet, d'une forme de contre-pouvoir. Mais, une fois encore, l'effet bénéfique n'est pas assuré, car nous sommes des milliers à nous adonner à ce type d'écriture. Résultat mitigé, étant donné que le taux d'informations est gigantesque, donc non digérable, vu qu'il n'y a que vingt-quatre heures dans une journée. À quoi s'ajoute un bien curieux retour à la tribu : sur internet, chacun va en priorité consulter ce qu'écrivent d'autres qui pensent comme soi. Au lieu d'ouvrir au monde et à ses différences, le continent numérique peut donc aisément enfermer chacun dans ses petites certitudes.

Sur les réseaux sociaux, c'est généralement ce qui se passe.

É.d.B. — Oui, c'est ce qu'on appelle l' « effet miroir ». Quelque part, l'abbé de Beukelaer peut publier sur la Toile ce qu'il veut, il sera lu par une centaine de personnes, dont quelques critiques qui ne seront pas d'accord – grand bien leur fasse – et d'autres qui vont dire que c'est formidable ou simplement vont *liker*. Mais cela reste minimal et n'offre qu'un faible contrepoids aux grands mouvements médiatiques.

Bref, la société civile, par ces grands mouvements, demeure essentielle pour la santé de nos démocraties. Cependant, Bruno a raison de dire que cet avenir n'est pas gagné.

Mais comme on est jusqu'à nouvel ordre dans un système de démocratie représentative, les mandataires du monde politique soucieux d'être réélus pourraient être les relais des revendications venues de la société civile, donc des citoyens.

B.C. — Ils devraient... Mais malheureusement, certains le font de manière populiste.

À l'est de l'Europe, par exemple, face à l'empire soviétique, ce sont quand même les peuples qui se sont mis à marcher et, quand ils se mettent à marcher, les peuples peuvent faire évoluer les choses vers plus de liberté ou de démocratie, même s'il arrive que ce type de mouvement débouche aussi sur des régimes tels qu'ont été le fascisme et le nazisme.

B.C. — Comme disait Camus, les révoltes, c'est bien. Les révolutions, c'est catastrophique. Lennon chantait la même chose.

É.d.B. — Peu après la chute du mur de Berlin, qui a été une victoire de la démocratie, je me trouvais à Rome au synode sur la formation des prêtres. J'étais encore étudiant. Mgr Jean-Marie Lustiger, le juif devenu cardinal et la personnalité la plus en vue dans l'Église de France à cette époque, devait prendre un avion et n'avait pas de chauffeur pour l'amener à l'aéroport. Je me suis donc proposé de l'y conduire. Me voilà donc pilotant une petite Peugeot 104, en compagnie de l'archevêque de Paris et d'un journaliste américain en train de l'interviewer. J'étais tout ouïe. Au correspondant de Fox TV – aujourd'hui responsable de la communication au Vatican – lui demandant si la chute du Mur signifiait la victoire du christianisme sur le communisme athée, le prélat répondit : « Pas du tout, c'est la victoire d'un matérialisme sur un autre, la victoire du matérialisme capitaliste sur le matérialisme communiste. » Et il ajouta : « Que va-t-on faire de cette victoire ? L'histoire reste à écrire. Mais, n'étant pas matérialiste, je crois que les forces de l'esprit doivent corriger bien des choses. »

Cela rappelle la phrase de François Mitterrand : « Je crois aux forces de l'esprit et je ne vous quitterai pas. » En présence du défi représenté par ce qu'il est convenu aujourd'hui de nommer « le flux migratoire », ces forces ont-elles, d'après vous, un impact quelconque sur la perception de ce flux ?

B.C. — Le phénomène n'en est qu'à ses débuts. Nous sommes dans des sociétés qui n'ont pas du tout pris la mesure des réalités futures. Quand on voit les bouleversements géogra-

« Au correspondant de Fox TV – aujourd'hui responsable de la communication au Vatican – lui demandant si la chute du Mur signifiait la victoire du christianisme sur le communisme athée, le prélat répondit : "Pas du tout, c'est la victoire d'un matérialisme sur un autre, la victoire du matérialisme capitaliste sur le matérialisme communiste." »

Éric de Beukelaer

phiques et qu'on conjugue la géographie prospective avec la démographie, on se rend compte que la partie du monde qui sera la plus touchée par le phénomène de réchauffement climatique, par la surpopulation, par la limitation de matières agricoles et surtout par le stress hydraulique – la raréfaction de l'eau – est une vaste zone allant de l'Afrique du Nord jusqu'en Iran. Nos régions européennes, y compris la Russie, vont connaître une augmentation des rendements agricoles ainsi que d'autres améliorations des conditions de vie, mais ce ne sera pas le cas dans le Sud. D'où le flux migratoire qui, de l'Afrique, se poursuivra vers le Nord.

Le Nigéria, par exemple, aura dans une quinzaine d'années plus d'habitants que toute l'Union européenne, soit plus de 400 millions de personnes soumises à des phénomènes de raréfaction des ressources. Cela ne manquera pas d'avoir des effets traumatisants sur les populations.

C'est la crainte très actuelle du « grand remplacement ».

B.C. — On doit donc se préparer à des réalités nouvelles. Si notre société ne s'ouvre pas intelligemment à la migration, celle-ci risque de nous submerger dans la désunion. La question de la migration est indissociable de nos projet et promesse de société. Plutôt que des saillies médiatiques et invectives politiques, il faudrait un débat structuré au Parlement. N'est-ce pas la moindre exigence d'une démocratie représentative ?

É.d.B. — Concrètement, Bruno, comment vois-tu le phénomène des migrations et leur place dans notre société ?

B.C. — Certains ne manqueront pas de dire : « Nous avons un État providence qui a été financé par nous et d'autres personnes, qui n'y ont pas contribué, vont en profiter, ça jamais ! » Mais je pense que le problème n'est pas là. Il se situe plutôt dans la globalisation en cours, laquelle atteint tous les domaines de l'existence, comme le digital par exemple. Par la force des choses, il y aura une globalisation des populations. Au reste, si l'Histoire ne se répète pas, elle halète parfois. En 2018, l'Union européenne se contracte sous ses replis nationaux. Les frontières se referment, les barbelés se déroulent et les murs se dressent. Il y a exactement 80 ans, en juillet 1938, une conférence se tint à Évian pour régler le sort des migrants juifs fuyant l'Allemagne hitlérienne ayant déjà commis l'*Anschluss* de l'Autriche. Cette conférence, convoquée par le président des États-Unis, fut un échec : aucun pays ne voulut accueillir ces migrants échappant aux persécutions que personne ne pouvait plus nier. L'Espagne de Franco et l'Italie de Mussolini, alliées de l'Allemagne nazie, furent absents ou silencieux. Même la Belgique, dont le premier ministre était Paul-Henri Spaak, évoqua un manque d'espace tandis que la France, qui venait d'être dirigée par Blum, avança l'argument de difficultés économiques. Finalement, ces populations furent déplacées et regroupées, plus au nord, en Pologne occupée, prélude à un génocide. Ce scénario ne se répétera pas, mais l'Histoire illustre comment l'égoïsme de circonstance peut amplifier des phénomènes extrêmement graves.

É.d.B. — À l'école, il me fut enseigné que l'Empire romain avait chuté aux IVe et Ve siècles par suite de l'invasion des barbares. Or, ce n'est pas fondamentalement ainsi que les choses se sont passées. Ce sont des flux migratoires de populations qui, petit à petit, sont venues s'installer au sein de l'Empire. De païen, celui-ci est devenu chrétien à la suite de la conversion de Constantin. Mais – patatras ! – voilà de nouveaux arrivants et la hantise de la fin du monde. D'où la réaction de saint Augustin (354-430) qui répond à tous ces chrétiens perdant courage face à l'arrivée des barbares : « Il y a la cité des hommes et les soubresauts de l'Histoire, mais aussi la cité de Dieu, qui écrit son œuvre au cœur de cette Histoire. » Et de fait, quelques siècles plus tard, ces affreux païens, pouilleux et puants, sont devenus les preux chevaliers du Moyen Âge.

Même topo à la Révolution française. Nombre de chrétiens se sont dit : « C'est la fin du monde ! » Mais pas du tout : un monde s'écroule, un nouveau éclot. Bref, c'est chaque fois la même chose. Tout changement est toujours précédé par des mouvements lents et profonds. Alors, s'imaginer qu'on va pouvoir s'en sortir demain, sans remise en question, avec notre taux de richesse en recul et nos faibles démographies, est un leurre.

En plus du vieillissement de la population européenne…

É.d.B. — Oui, il convient aussi d'insister sur l'apport économique que peut représenter, pour nos sociétés vieillissantes, l'arrivée de forces vives fuyant la guerre en Syrie ou venant du fond de l'Afrique et du Soudan. Ces jeunes, qui tentent leurs chances, espèrent simplement un meilleur futur. Empêcher ces arrivées peut se faire un certain temps, mais pas à long terme. Promouvoir dans ce domaine une politique intégrée n'est pas aisé, car ce n'est pas populaire. Je pense que les gens sont naturellement généreux, mais toute bienveillance a des limites. Ceux qui laissent entendre que les arrivants vont venir prendre le peu dont vous disposez encore ont du coup du succès.

Ce sont les populistes.

B.C. — Mais ce genre de discours est très dangereux parce qu'il aboutit à la confrontation. On en avait parlé il y a deux ans après les attentats de Bruxelles, tu te souviens, Éric ? Et je t'avais fait part de mon impression selon laquelle la situation pourrait dériver vers la guerre religieuse ou la guerre civile. Mais tu m'avais répondu que non. Eh bien, je maintiens ce point de vue : il y a un risque, certes infime et significativement diminué depuis deux ans, mais réel. Et il faut éliminer ce risque pour assurer l'accueil et la cohésion sociale.

É.d.B. — Personne ne peut exclure que tu aies raison, surtout si des dinosaures comme le parti Islam commencent à mettre de l'huile sur le feu. Attiser les peurs de part et d'autre est toujours extrêmement périlleux. Par contre, si je mets ma casquette optimiste, je remarque que l'Afrique du Nord est en voie de redressement et que d'autres parties du continent africain pourraient connaître un développement prometteur dans les décennies à venir, moyennant le retour d'une puissance publique crédible. C'est le cas de la République démocratique du Congo où travaille mon meilleur ami, un prêtre belge d'une quarantaine d'années, ingénieur civil de son état, qui vit dans la brousse comme les gens du lieu et essaye d'y redresser un hôpital. Ce pays est très riche en humanité, mais aussi... en matières premières.

La Chine s'en est aperçue.

É.d.B. — Oui, elle s'en est rendu compte et investit massivement au Congo. Un pays comme la RDC ne peut pas tomber plus bas. Dès lors, il faut espérer qu'un jour, plus ou moins proche, la pente devienne ascendante et que les flux migratoires ne se fassent plus uniquement dans le sens Sud-Nord. D'une façon plus générale, en effet, il est possible que l'Afrique apparaisse attractive à terme. Je me dis donc – hypothèse optimiste, certes – que le pire n'est peut-être pas le plus certain.

Revenons-en à nos contrées : les populistes affirment que les migrants viennent profiter de notre société de providence, déjà bien mise sous tension. Qu'en pensez-vous ?

B.C. — Voilà bien un sujet qu'il est important d'approfondir, pour comprendre de quoi il est question. La notion d'État-providence relève de deux acceptions, à savoir l'État-providence bismarckien, fondé en Allemagne par les lois de 1880, et l'État-providence beveridgien (ou *welfare state*), du nom de son inventeur, l'économiste anglais travailliste William Beveridge (1879-1963). L'État-providence bismarckien est fondé sur le mécanisme des assurances sociales, dans lequel les prestations sont la contrepartie de cotisations, tandis que l'État-providence beveridgien, financé par l'impôt, fournit des prestations uniformes à tous les acteurs de la société. L'État-providence belge résulte d'une juxtaposition de ces deux catégories.

L'État-providence belge est une architecture sociale qui constitue l'essence du modèle fondé sur la solidarité fiscale et parafiscale, elle-même respectivement fondée sur la capacité contributive des citoyens et une association de leurs revenus professionnels à un mécanisme assurantiel.

Mais si ce modèle était robuste dans une économie prospère, caractérisée par une amplification de la démographie et une hausse des gains de productivité, ses limites furent atteintes dans les années 1970, une décennie maudite altérée par deux chocs pétroliers et des désordres monétaires. L'économie abandonnait l'industrie pour entrer dans le secteur tertiaire et l'État combla les pertes d'emplois par une politique de transferts sociaux qui embrasèrent la dette publique. Bien que ce pourcentage ait reflué, nous avons commencé à endetter collectivement nos pays pour adoucir la transition vers l'économie de services, très différente du contexte industriel. Nous espérions que la démographie et la productivité futures nous extirperaient sans douleur d'une dette publique qui enflait. Malheureusement, cet espoir de l'État-providence qui se rembourse tout seul aurait exigé une économie géographiquement statique. La formulation actuelle de l'État-providence nous a piégés dans une dette publique qui a consisté à anticiper la consommation sur la production. Nous n'avons donc pas redistribué la croissance, mais emprunté celle des générations suivantes qui refuseront bien sûr d'honorer ces dettes. L'erreur, c'est de n'avoir pas compris qu'il aurait fallu rembourser cette dette publique lorsque la conjoncture était favorable. De surcroît, c'était sans tenir compte de la mondialisation qui déplace le progrès et la croissance au gré de l'ouverture des peuples et des marchés. Aujourd'hui, nous entamons une nouvelle transition qui est celle de l'inventivité technologique.

Plongées dans la mondialisation digitale, nos économies devront donc accepter l'inflexion de leur modèle social, car l'importance de la dette publique l'a sabordé. Nos pays entament un combat intime : celui qui l'oppose à eux-mêmes. D'ailleurs, ils oscillent en permanence entre deux espaces-temps : s'impose un modèle social industriel, inventé dans les années 1960, alors que 70 % du PIB provient désormais du secteur des services. Et c'est cela, sans doute, le chromosome faible de l'Europe de l'Ouest : le flottement permanent entre deux modèles, le passager clandestin de tous les courants. Ni dehors, ni dedans. Certains appellent cela du pragmatisme ou un relent de lutte des classes. D'autres le qualifient de pusillanimité.

Mais nous faisons peut-être face à une autre ambiguïté. En effet, si la croissance a été alimentée par l'endettement privé et public, est-il possible d'en espérer le retour sans endettement croissant ? En d'autres termes, est-il cohérent de vouloir désendetter nos économies et de promouvoir simultanément la croissance ? Probablement pas.

Il faut tirer une leçon de ce constat : nous avons fait preuve d'une terrifiante myopie en croyant qu'on pourrait impunément emprunter le bien-être économique futur sans prendre en considération les mutations économiques et l'inversion des courbes démographiques.

Cette situation va d'ailleurs s'aggraver avec la digitalisation de l'économie.

Le temps d'une profonde remise en question est venu. Elle devra nécessairement passer par l'établissement d'une vision réaliste à long terme de notre avenir économique et du rôle que l'État sera amené à y jouer. Une telle démarche semble indispensable. Si cette réflexion n'est pas engagée, il en résultera une économie de terre brûlée et un tollé générationnel. Vers quoi cette réflexion devrait-elle alors conduire ? Vers une solidarité fiscale et sociale harmonieuse, à la hauteur de ce qui fut bâti après la Seconde Guerre mondiale.

Mais les angoisses sociales présentes sont marquées par le retour de thématiques nationales-populistes qui prônent le repli pour défendre l'État-providence. Cela s'observe particulièrement en Europe centrale et de l'Est. Comment s'explique que ces pays, à peine débarrassés de l'emprise soviétique, deviennent de plus en plus rétifs au projet de l'Union européenne ?

B.C. — Dans les années 1990, Bernard-Henri Lévy avait écrit un livre où il disait combien il avait été surpris de voir que c'était en Allemagne de l'Est que les mouvements politiques situés à l'extrême droite avaient repris vigueur après la chute du mur de Berlin. Cela l'avait fortement frappé et m'avait aussi interpellé. Montherlant disait que « tout sera bouleversé par les mains hasardeuses du temps ». Et si, aujourd'hui, c'était le vieillissement de la population qui constituait l'arrière-plan de bon nombre de phénomènes en cours ? Dans les années 1960, à l'époque d'une forte natalité, on n'assistait pas aux rejets de l'étranger que nous connaissons actuellement. D'ailleurs, dans la décennie suivante, il y a eu une réelle intégration des immigrés en Belgique.

On était alors dans une période de plein-emploi.

B.C. — Cela a quand même changé avec le temps. Mais je suppute une intuition : les personnes âgées sont peut-être plus réceptives à un message d'exclusion. On l'a vu lors du Brexit : les jeunes s'y étaient opposés.

É.d.B. — En plus du vieillissement de la population, il y a ce qu'on appelle le « retour du refoulé ». J'avais une grand-mère qui, jusqu'à son décès dans les années 1990, continuait à faire des réserves de sucre et de café : elle avait connu la guerre. Quand on a manqué de l'essentiel à un moment donné de sa vie, la peur de la privation a tendance à resurgir. À l'Est, toute une génération et demie a vécu sur le modèle de l'*homo sovieticus*. Une fois la dictature rejetée, de vieux réflexes réapparaissent, en l'occurrence sous une forme nationaliste-chauviniste. L'être humain a besoin de fierté.

C'est le besoin de reconnaissance qu'on retrouve chez Hegel.

É.d.B. — Cela se ressent aussi aujourd'hui en Europe de l'Est. Même entre membres de l'Église, on a parfois du mal à se comprendre au sein de l'Union européenne. Il m'est arrivé de converser de l'état de l'Europe avec des confrères prêtres polonais et de me faire remonter les bretelles. J'entends alors : « Arrêtez de nous prendre de haut et de nous faire la leçon. Vous êtes venus après la chute du Mur, vous nous avez dit comment il fallait nous intégrer et maintenant vous continuez à nous dire ce qu'est le bon modèle ou le bon dirigeant. Apprenez donc une fois pour toutes que nous voulons gérer les choses à notre façon ! » On assiste par conséquent en Pologne à un retour du refoulé, sous la forme d'un certain mimétisme du modèle soviétique pourtant abhorré, auquel s'ajoute l'agacement face à la posture de « dame patronnesse » trop souvent adoptée par l'Europe de l'Ouest.

B.C. — À ces phénomènes vient s'en greffer un autre, prégnant lui aussi et dont nous avons déjà parlé, à savoir la perte de maîtrise que ressentent les dirigeants des pays de l'Union européenne face à la puissance des marchés. Voilà donc les mandataires publics en état de dépendance en termes de création de prospérité, laquelle se déplace latéralement selon les envies des uns et des autres dans les multinationales. Cette situation nouvelle a des conséquences importantes : il faut aligner les populations sur des objectifs différents de celui du bien-être individuel. Quoi de plus facile alors que de dire « c'est la faute de l'autre » ? Ou d'affirmer qu'il y a un ennemi responsable de tout ce qui nous arrive de fâcheux... On voit ça partout dans le monde pour le moment. La prospérité est l'état paisible de l'économie, du moins quand elle est partagée. Quand elle n'est plus là, la nervosité s'installe et se renforce parce que entretenue. Le paroxysme de cette situation pourrait être atteint dans une dizaine d'années.

Et qu'en est-il de la guerre ?

É.d.B. — Voilà septante-trois ans que les deux premières bombes atomiques ont explosé à Hiroshima et Nagasaki. Mais, depuis août 1945, plus aucune autre bombe de ce type n'a été lancée, même si à certains moments, on a frôlé le pire : la crise des missiles soviétiques à Cuba en octobre 1962 et, menace qui est restée peu connue, un *bug* qui s'est produit au cœur du système de défense soviétique dans la nuit du 25 au 26 septembre 1983 laissant croire à une attaque de missiles américains. Heureusement, l'officier de garde soviétique comprit ce qui se passait et n'enclencha pas la procédure en vue d'une riposte.

B.C. — Scénario qui fait penser au *Docteur Folamour*...

É.d.B. — La bonne nouvelle, c'est que, jusqu'à présent, l'homme a eu le minimum de conscience de se dire qu'il ne va pas pousser sur le bouton de l'Apocalypse. Je note que, dans les années 1960, de nombreux nantis construisaient des abris antiatomiques. Cette angoisse a-t-elle disparu ? Cette tranquillité nucléaire n'est tenable que tant qu'il n'y pas de terrorisme ou de dictature nucléaire de type ultra-théocratique – et c'est un prêtre qui parle... Le pire des tyrans se méfiera avant d'envoyer un coup dans la gueule de son prochain, étant donné qu'il peut en retour en recevoir un autre dans la sienne : bref, il va réfléchir. Il n'en va pas de même pour un fanatique religieux qui, pris dans son délire, ne fera pas ce calcul élémentaire de prudence.

Tant qu'on n'a pas un Daech assez puissant pour détenir l'arme nucléaire, le risque évoqué est heureusement limité. En revanche, nous avons un énorme arsenal d'armes plus ou moins « propres », semi-chimiques ou faibles nucléairement parlant, qui ne demandent qu'une étincelle pour entrer en action, et ça c'est évidemment dangereux.

Alors oui, le risque de guerre est bien réel. Non pas mondiale, du moins je l'espère, mais cantonnée à des régions telles que le triangle formé par la Turquie, l'Arabie saoudite et l'Iran. En effet, on assiste maintenant à des conflits régionaux et à des guerres civiles qui ne disent pas leur nom. Et, nouveauté importante, on ne déclare plus la guerre aujourd'hui, on est tout de suite dans les opérations militaires, sans toujours savoir qui est avec qui... Perte de repères assurée pour tous ! La Seconde Guerre mondiale a été une guerre idéologique où les blocs fasciste-nazi d'une part et démocrate-communiste de l'autre se sont affrontés. On revient plutôt de nos jours à ce qui se faisait avant la Première Guerre mondiale : des accrochages régionaux.

Mais quand on pense à Erdogan, Poutine, aux dirigeants iraniens ou d'Arabie saoudite, ils ne sont évidemment pas idiots. Ils savent bien qu'ils auraient plus intérêt à faire du commerce que d'être continuellement dans une tension guerrière. Hélas, s'ils n'ont plus vraiment la main économiquement, la tentation sera grande - comme le rappelait Bruno - de désigner un ennemi commun et de galvaniser le peuple contre lui.

C'est une vieille tactique des pouvoirs en place dans l'Histoire.

B.C. — Ne pourrait-on pas imaginer, ne fût-ce qu'une seconde, que le capitalisme anglo-saxon débridé porte très partiellement en lui les germes de l'oppression et de l'exclusion ? Et que, peut-être, les théocraties soient justement le produit de l'absence de contre-modèle ? Elles joueraient ce rôle, tenu autrefois par le communisme. Ce qui voudrait dire que la chute du Mur a entraîné des conséquences qui, à l'époque où elle se produisit, étaient complètement inimaginables. Je pense de plus en plus qu'il faut examiner le modèle chinois qui a développé un capitalisme *sui generis* fondé sur le collectivisme.

On subit donc les conséquences de la disparition d'un monde qui était bipolaire et on est maintenant dans la prolifération d'un monde multipolaire.

B.C. — Le capitalisme anglo-saxon étant fondé sur l'espoir que l'égoïsme individuel conduise à l'optimum collectif, nous sommes désormais dans un monde où les pouvoirs publics sont écartés et qui conduit à une sorte de frénésie, de bouillonnement capitalistique. Mais, dans le fond, est-ce qu'Adam Smith avait vraiment raison ? Ou plutôt, n'a-t-on pas perverti ses théories comme celles de Marx ?

É.d.B. — Durant la Guerre froide, si les puissants ne partageaient pas suffisamment le gâteau, les mouvements communistes risquaient de prendre le pouvoir. D'où un

« C'est la raison pour laquelle je martèle aux élites : "Faites attention aux parachutes dorés et autres privilèges de caste. Le peuple peut comprendre que vous êtes plus riches que lui, mais à une condition : c'est que, s'il entre en précarité, il vous sente solidaires." »

Éric de Beukelaer

capitalisme tempéré. Nous n'avons plus ce frein naturel à la tentation de rapacité propre au capitalisme. Le milliardaire américain Warren Buffet – qui est un homme fort lucide – a déclaré un jour qu'il ne payait pas assez d'impôts. Plus tard, il a ajouté que la lutte des classes continue à exister, précisant cependant que ce sont les riches qui la gagnent en ce moment... Et ça, c'est source de violences.

B.C. — Bien sûr.

É.d.B. — À la suite de la publication de *La bourse et la vie*, notre premier livre d'entretiens, nous avons été invités, Bruno et moi, dans différents cercles d'affaires. Face à ce genre de parterre, composé en majorité de dirigeants d'entreprise, j'avais évoqué le besoin d'une redistribution sociale équitable. Si je l'avais fait en adoptant un discours de type moralisateur, mon auditoire aurait soupiré, en pensant tout bas : « Voilà un curé qui parle. » Au lieu de cela, je leur ai dit : « Si nous ne faisons pas baisser la pression sociale en redistribuant davantage la richesse commune, vos petits-enfants iront à l'école avec des gardes du corps armés et vos villas seront entourées de barbelés. Voulez-vous de ce monde-là ? Vous ne le souhaitez pas ? Eh bien, moi non plus. Alors, il faut partager. »

J'ai repris ce thème quand *Lobby*, magazine qui s'adresse à un lectorat plutôt nanti, m'avait demandé un article sur les riches et l'argent. J'ai répondu qu'il n'y avait aucun mal à être riche, à condition de ne pas devenir esclave de l'argent. Et j'ai poursuivi en leur soumettant deux modèles, hérités de l'Histoire : le modèle *Versailles* et le modèle *Blitz*.

Versailles : 1789 – famine à Paris pour diverses raisons ; les femmes voient leurs gosses mourir de faim ; elles crient leur révolte à leurs maris, qui décident de marcher avec elles sur Versailles parce que là-bas, pensent-ils (à tort ou à raison, c'est la perception qui compte), les nobles se gavent de brioches. Cela inaugurera une période de Terreur. Cet enchaînement violent s'explique par le fait que – je le répète : à tort ou à raison – les élites sont perçues comme privilégiées, alors que le peuple crève de faim. Donc, le contrat social explose.

En contrepoint, il y a le modèle *Blitz* : en 1940, quand Londres endure les terribles bombardements nazis, le feu du ciel atteint tout le monde, l'élite comme le peuple. Car tout le monde est resté à Londres (sauf les femmes et les enfants) : famille royale, gouvernement, lords, classes moyennes, ouvriers... Un jour, les bombes déciment un quartier ouvrier, un autre elles ravagent l'hôtel particulier d'un duc. Le peuple sent donc la solidarité des élites, ce qui crée une cohésion nationale sans précédent, inimaginable si les dirigeants avaient fui.

C'est la raison pour laquelle je martèle aux élites : « Faites attention aux parachutes dorés et autres privilèges de caste. Le peuple peut comprendre que vous êtes plus riches que lui, mais à une condition : c'est que, s'il entre en précarité, il vous sente solidaires. » Qu'un patron d'entreprise annonce des licenciements pour cause de difficultés économiques, cela ne fait jamais plaisir. Parfois, c'est inévitable : pour sauver l'entreprise, il n'y a pas le choix. Mais quelle différence cela serait s'il commençait par annoncer que – par solidarité avec les employés touchés par une perte d'emploi – il réduit son propre salaire pendant plusieurs années ! Avouons que cela est plutôt rare.

Cela me rappelle une réflexion d'André Malraux, que je cite de mémoire : « Il faut être solidaire, ne fût-ce que par égoïsme. »

B.C. — Par rapport à cette pensée de Malraux et à la réflexion d'Éric, je pense en effet qu'il y a une totale incompréhension des réalités sociales tant chez les citoyens aisés que chez les personnes moins favorisées. Les réalités sociales vont se dégrader parce que la classe moyenne, produit de l'après-guerre qui n'est pas l'état naturel en économie, est en train de régresser. On va par conséquent glisser à nouveau vers une dichotomie nettement plus importante entre ceux qui ont beaucoup et ceux qui ont peu. À cela s'ajoute un manque de conscience de l'origine de cette situation. Cela pourrait créer des dissensions sociales fortes.

É.d.B. — Sans une classe moyenne consistante, plus de démocratie.

B.C. — Oui, la classe moyenne, c'est l'équilibre et le socle sociétal. Or je ne vois pas ce qui pourrait reconsolider cette classe moyenne qui a été le produit de deux conflits mondiaux nécessitant de nouvelles solidarités. J'ai peur qu'elle subisse un mouvement entropique de fragmentation. Et je suis convaincu, qu'au-delà des propos mondains et autres études de salons académiques, les élites politiques, civiles et universitaires n'ont pas pris conscience de l'aggravation des inégalités.

É.d.B. — La classe moyenne regroupe un ensemble de personnes qui sont suffisamment aisées et ont assez d'autorité intellectuelle pour créer la société civile ou s'engager en politique. Même s'il y a toujours aussi quelques consciences réformatrices qui proviennent des classes privilégiées, ces dernières ont trop intérêt à ce que le système se maintienne pour le remettre en question. En Amérique latine, c'est la classe moyenne qui a permis de faire chuter les dictatures militaires. Sa disparition pourrait provoquer des turbulences, comme ailleurs du reste.

B.C. — De surcroît, je pense que ce n'est pas l'existence des élites qui gêne les personnes n'en faisant pas partie, mais c'est le fait d'avoir des élites qui n'apportent pas de solution. Et pourquoi n'en apportent-elles pas ? Tout simplement parce qu'elles sont elles-mêmes plongées dans un monde instantané et plastique qui les dépasse complètement. Jean Tirole, Prix Nobel d'économie, suggérait que l'État planique devrait faire place à l'État arbitre. Ce propos est percutant. L'État planique, au sens de la mise en œuvre des plans quinquennaux d'après-guerre, fut la configuration étatique adoptée alors que tout était à reconstruire. Il fallait des impulsions régaliennes destinées à ordonnancer la reconstruction. C'est incidemment dans cet esprit qu'on a fondé la sécurité sociale, et plus généralement l'État-providence.

Et en Belgique, qu'en est-il de la classe moyenne ?

B.C. — En Belgique, la justice sociale est incontestable, mais les statistiques révèlent une donnée médiane : elles traduisent mal l'état de dispersion. Au regard de cette dispersion entre les riches et les pauvres, je crains qu'on aille vers plus d'inégalités en Belgique. Et ce qui me fait peur, c'est que les nappes de pauvreté continuent à s'étendre de manière sournoise chez les plus jeunes et chez les plus âgés. Elle est loin l'époque où notre taux de pauvreté était un des plus faibles du monde et où le modèle social belge était la garantie de tous les extrêmes politiques. Aujourd'hui, par exemple, il faut savoir que 40 % des retraités sont en-dessous ou proches du seuil de pauvreté en termes de revenus, ce qui est ahurissant ! Ces citoyens vont vivre trop longtemps dans un système en faillite. Cette population-là n'est même plus révoltée : elle est résignée.

É.d.B. — Ah, les nouveaux pauvres… Dans les rues de Liège, il y a les mendiants qui sont des toxicomanes, ou des alcooliques. Ce sont les pauvres qui vivent la précarité de par leur situation personnelle. Puis, il y a une autre population, issue des vagues migratoires : les sans-papiers, les illégaux… Enfin, il y a ces nouveaux pauvres qui viennent bien de chez nous et qui pourraient être votre fils, votre mère… Ce sont, par exemple, des jeunes qui n'arrivent plus à payer leur loyer et ne peuvent pas retourner chez leurs parents, ou encore des personnes âgées dont la pension est insuffisante. Ils étaient socialement intégrés et s'en sortaient tout juste. Et puis, arrive une tuile qui les pousse « sous la ligne de flottaison »… Et c'est la descente aux enfers, un surendettement et une précarité qui les mènent parfois dans la rue.

Voilà un tableau d'une gravité dramatique. Quel impact la transition technologique que connaît notre monde peut-elle avoir sur son avenir plus ou moins proche ?

É.d.B. — Selon un constat que Bruno fera mieux que moi, la numérisation de la société va se généraliser. Mais comme aucun de nous deux n'a de boule de cristal, il nous est bien difficile de savoir avec exactitude ce que cette mutation donnera. Des services vont évidemment disparaître, au prix de nombreux emplois. D'autres emplois, par contre, vont apparaître, confirmant en cela la notion de « destruction créatrice » mise en avant par Schumpeter.

Dans son ouvrage *Les clés du futur* (éditions Plon), le philosophe des sciences et polytechnicien suisse Jean Staune, qui est venu parler le 12 janvier 2017 aux Grandes Conférences liégeoises, voit la numérisation avec les imprimantes 3 D devenir un des piliers du nouveau modèle économique. Pour faire bref, il y aurait, dans ce futur qui se dessine, deux types de métiers de base : les concepteurs qui créeront de par le monde des brevets pour fabriquer tout et n'importe quoi et, disséminés partout sur la planète, des artisans capables de lire ces projets, de les acheter et de les réaliser, au sein d'usines qui auront d'énormes imprimantes 3 D. On pourra ainsi fabriquer sur place des prothèses de hanche, des voitures, des maisons même... On assistera du coup à la formation d'un nouvel artisanat qui sera instruit en informatique et qui pourra conseiller ses clients potentiels sur les avantages comparés de tel ou tel projet.

Si ce modèle se réalise, ce serait la fin de nombreuses multinationales industrielles. Elles laisseraient place à une économie plus décentralisée, avec des bureaux de concepteurs et des bureaux de réalisateurs, une économie portée par l'intelligence collective. Souvenons-nous de l'*Encyclopædia Universalis* et de la *Britannica,* dont on était persuadé qu'elles résisteraient aux siècles. Et puis est arrivé *Wikipedia*, qui les a quasi remplacées. Une nouvelle technologie peut donc apporter du positif : ici, la capitalisation sur l'intelligence collective.

Du négatif aussi quand on pense aux machines qui se mettent à réfléchir à la place de l'être humain.

É.d.B. — Oui, mais on n'en est pas encore là. Ce que je viens de décrire est d'ailleurs prometteur… à la condition que le système fonctionne. Il a son talon d'Achille. Tous les informaticiens de pointe dans le monde du numérique travaillent sur des modules de programmation qui ont été conçus il y a au moins dix ans et dont ils ne connaissent plus vraiment les éléments premiers. Imaginons des pirates malveillants qui pourrissent ces modules informatiques de base par des virus : tout le système économique basé sur les technologies du numérique serait alors paralysé.

B.C. — Les conflits digitaux pourraient connaître cet aboutissement.

É.d.B. — Nous savons tous ce que c'est que d'avoir une panne d'ordinateur, quand ce n'est pas un *bug* ou un virus qui a frappé votre laptop. Plus d'internet et la journée de travail est fichue ! Si demain ou après-demain tout est numérisé dans nos villes et que survient une panne générale du système informatique, ceux qui n'ont que des cartes magnétiques pour sortir et rentrer chez eux deviendront des sans-abris...

B.C. — Nous sommes en présence d'une mutation dont on sous-estime encore complètement l'envergure.

La révolution numérique ?

B.C. — Oui.

Quelle différence avec le digital ?

B.C. — Le digital est simplement un moyen de communication avec les doigts. Quant à l'intelligence artificielle, elle est la prédisposition des actes de tout un chacun. C'est la capacité de conditionnement des comportements d'achats notamment. La reconnaissance faciale aidant, des informations sont paramétrées. Ces innovations vont faire en sorte que tout anonymat et toute liberté individuelle vont disparaître.

Cette révolution technologique va-t-elle entraîner une croissance économique ? Honnêtement, personne ne le sait, mais j'y crois fortement. Comme vient de le rappeler Éric à propos du phénomène schumpeterien : d'abord on innove, puis on détruit. Actuellement, nous sommes toujours dans la phase d'innovation et pas encore dans celle de destruction. Ce qui est certain, c'est que ce bouleversement va poser la question de la qualité et de la quantité de travail, voire de sa culture. Parce qu'on aura des métiers qui, naturellement, seront beaucoup plus fragmentés. Cela signifie qu'on aura plusieurs métiers plutôt qu'un seul et que, partant, le plein-emploi ne pourra plus être assuré, d'où la précarisation de tout emploi.

Mais il y aura une autre conséquence, plus préoccupante d'un point de vue macro-économique. C'est que les grands acteurs digitaux ou de l'intelligence artificielle de demain ne seront pas européens. Voyez ces entreprises étrangères, les FAANG, quasi en monopoles : elles ont la possibilité d'aspirer les gains de productivité qu'on génère chez nous, ce qui signifie que ça va accroître la dépendance des États de vieille population par rapport à d'autres États où les acteurs digitaux sont installés. Donc, aujourd'hui, la véritable armée du monde n'est pas l'armée américaine, mais Google par exemple, avec des personnes qui vont être capables de s'insérer dans ce monde digital informatisé et d'autres – encore plus nombreuses – qui ne vont pas y avoir accès.

Il va y avoir une accentuation de la dichotomie du travail. C'est un problème très impactant ! Il est d'ailleurs question actuellement d'allocation universelle ou d'autres dispositifs du même type : ce sont là des réponses d'un monde ancien qui ne sont pas adaptées à un monde nouveau. Il vaut mieux, en fait, susciter et créer l'employabilité multiple des travailleurs par la formation continue.

En fait, nous n'avons rien compris à la mondialisation parce qu'elle est double : il y a une mondialisation géographique (vers l'Est et qui touche la production) et une mondialisation logique (vers l'Ouest et qui touche l'économie de services). Nous sommes entrés dans une révolution industrielle inouïe, aux frontières de l'intelligence artificielle, des processus infaillibles qui dépassent les fatigues et impuissances des hommes, et des processus qui remplacent les tâches répétitives. C'est un monde inversé, où les FAANG dominent les États alors que ces derniers sont confinés à assurer l'ordre social et la confrontation avec les promesses qu'ils n'arriveront pas à tenir. Nous sommes aux confins d'un nouveau monde où l'innovation et l'inventivité prévaudront. C'est un monde très éloigné des années industrielles, plastique et versatile dont le fondement, c'est-à-dire le dialogue entre l'État et les marchés, est imprécis. L'Europe devra revoir son modèle dans deux directions opposées et pourtant conciliables : la flexibilisation du travail et la solidarité sociale. En effet, derrière cette vague de la numérisation se dressent l'effritement de la classe moyenne et la déstructuration du secteur tertiaire. La digitalisation risque donc de déstabiliser les agrégats sociaux au travers d'une déliquescence de la classe moyenne et d'un accroissement des inégalités socio-économiques. En particulier, les États européens sont écartelés entre la nécessité d'assurer l'ordre social dans un contexte de dettes publiques impayables et des entreprises étrangères géographiquement mobiles qui accaparent une grande partie des gains de productivité. Si cette intuition, certes simpliste et pessimiste, se confirme, alors la gestion domestique des économies européennes devrait s'étatiser tandis qu'une sphère marchande serait dominée par quelques acteurs internationaux sur lesquels le contrôle étatique deviendrait caduc. On pourrait même imaginer que ces entreprises internationales fassent et défassent les classes moyennes de pays désignés selon leurs intérêts commerciaux et que les États en soient réduits à devoir négocier des concordats fiscaux afin de conserver assez d'emplois et d'activités localement.

É.d.B. — L'idée de l'allocation universelle part d'un constat : la richesse est créée par une économie de plus en plus automatisée, détenue par le petit nombre de ceux qui possèdent les moyens de production. La masse se retrouve sans travail et donc sans revenus. Si on n'a plus de quoi donner des emplois, il faut bien procurer aux gens des moyens de subsistance. Il existe bien sûr des aides (allocations familiales, chômage, revenu minimum d'intégration), mais ne faut-il pas une mesure plus radicale pour assurer la cohésion sociale par une redistribution de richesses ? Je ne suis pas assez compétent pour me prononcer sur les moyens de financement d'une telle mesure. La question que je me pose est : vivre sans travailler, ne serait-ce pas une nouvelle version de « du pain et des jeux », qui fut une des causes de la décadence de l'Empire romain ?

L'homme a besoin de se sentir utile.

É.d.B. — L'oisiveté n'est pas une solution. L'homme a besoin de se sentir utile, oui.

B.C. — Et de se sentir intégré et reconnu pour être légitimement valorisé.

É.d.B. — L'utilité sociale lui est indispensable. Tous les matins, il a besoin d'une bonne raison pour sortir de son lit. Quand il ne se lève pas, le pire est à craindre.

L'allocation universelle empêcherait-elle celui qui en bénéficie de travailler ?

B.C. — Ça, c'est le grand argument de ceux qui y sont favorables. Non, ça n'empêchera pas de travailler, mais ça peut quand même conduire à un état de pré-dépendance ou de dépendance qui, à mon avis, escamote le fait qu'il est nécessaire de se former de manière continue. Alors, si on dit aux citoyens que l'allocation universelle qu'ils reçoivent doit être transformée en frais d'inscription gratuite pour une formation - quel qu'en soit le domaine -, je pense que, en ce sens, l'allocation peut avoir son utilité. Ceci étant, l'idée n'est pas neuve. L'économiste suisse Jean de Sismondi (1773-1842) théorisa ce basculement vers la mécanisation en argumentant qu'il profitait au patronat. Selon Sismondi, la machine est un moyen privilégié de l'accumulation de capital parce qu'elle n'a pas besoin de salaire. Il suggéra que tout individu remplacé par une machine reçoive à vie une rente perçue sur la richesse entraînée par cette même mécanisation. En d'autres termes, le propriétaire ou le gestionnaire de processus devrait s'acquitter d'un impôt correspondant à une partie des gains de productivité qu'il soustrait à la sphère marchande « collective ». La théorie de Sismondi fait écho à l'opposition des facteurs de production, à savoir le capital et le travail. Elle porte sur le partage des gains de productivité, ou du «surprofit» de la théorie marxiste. Malheureusement, elle conduirait à annihiler le rendement du capital lié à l'innovation, sans reconnaître le caractère schumpeterien des vagues de créativité et de progrès. Les thèses de Sismondi constituent aussi un terreau fertile aux théories d'allocations universelles, bien qu'on puisse s'interroger sur les financements de celles-ci si la quantité de travail (et le rendement marginal du travail) baisse au profit d'un rendement marginal croissant du capital, en gardant à l'esprit que la digitalisation de l'économie est, pour partie, un bien public.

É.d.B. — Si l'allocation universelle peut sortir une série de gens de la précarité, c'est intéressant, mais pas sans projet. Je ne suis pas favorable à un système qui distribue à l'aveugle. « Vous voulez aller boire tout l'argent qu'on vous donne ? Fort bien, mais ne venez plus vous plaindre après que vous crevez de faim » : c'est là un principe ultralibéral qui ne me semble pas valable. Je ne suis pas pour mettre l'homme sous tutelle mais, tout comme pour les institutions, je crois que l'homme a besoin d'être canalisé par un cadre de relations qui donnent un sens à son existence.

Serions-nous des anges déchus nous souvenant des cieux ?

É.d.B. — Je pense plutôt que nous sommes des enfants de Dieu, spirituellement boiteux. Mais appelons l'homme comme on veut. S'il n'y a rien de moins humain qu'un *Big Brother* qui nous programme nos journées, je crois cependant que toute personne aspire à un cadre référentiel qui le pousse à aller toujours un peu plus loin. Nous sommes des êtres en état d'éducation permanente. D'où mon admiration pour tous ces entrepreneurs qui créent, osent et risquent. Le tissu de petites et moyennes entreprises qu'ils génèrent est la colonne vertébrale de la vie économique. Ils ne se reposent jamais, car ils sont condamnés à innover pour survivre.

On devient vieux quand on n'a plus rien à apprendre. J'ai un père qui va avoir 92 ans, mais que je ne trouve pas vieux parce qu'il continue à avoir des projets et à désirer apprendre. En revanche, je connais des gens qui ont vingt ans de moins que lui et pour qui tout est fini. Donc, comme vient de le souligner Bruno, il faut veiller à ce que personne ne s'arrête « dans sa tête » sur le chemin de la vie.

B.C. — Et lui apprendre à travailler.

É.d.B. — L'homme est devenu homme quand il a commencé à marcher sur ses deux pattes arrière. Donc, quand il cesse de se lever, de se redresser, et de marcher toujours plus loin, le singe savant qu'il est se laisse aller. Ce qui est hautement nocif pour lui.

B.C. — C'est toute une vision de l'homme qui est en cause.

É.d.B. — Pour en revenir à un langage plus théologique sur l'humain, il y a l'erreur de ceux qui conçoivent l'homme en niant le péché originel et la dérive de ceux qui oblitèrent la rédemption. Les premiers laissent entendre que l'homme est bon naturellement. Si les choses vont mal, ce n'est pas de sa faute, mais celle d'une société qui le rend mauvais. La conclusion politique est alors évidente : changez la société et mettez l'homme dans une situation idéale, vous aurez un homme idéal. On retrouve cette façon de penser dans le marxisme idéologique et chez certains altermondialistes radicaux. Je l'ai déjà dit, je ne partage pas cette vision irénique. L'homme n'est malheureusement pas naturellement bon. Il y a une faille en lui, que les théologiens chrétiens appellent le « péché originel ». Il suffit de se promener dans une cour de récréation de maternelle et de voir nos charmantes petites têtes blondes s'entredéchirer, parfois avec violence et méchanceté, pour s'en convaincre. À l'inverse, il y a une pensée ultralibérale froide et cynique, qui défend une vue diamétralement opposée : l'homme serait un loup pour l'homme et le monde se vivrait à son image – un lieu où c'est le *struggle for live* qui prévaut. C'est ce que j'appelle une pensée sans rédemption, où l'idéal n'est jamais que le cache-sexe d'une réalité plus glauque. Il va de soi que je ne partage pas, non plus, pareille façon de voir.

En tant que chrétien, ma vision de l'homme est un humanisme lucide, qui constate que, si l'homme est capable du pire, il est globalement animé d'un désir de réaliser le meilleur. En tant que prêtre, lorsque je rencontre des gens qui ont fait de grosses bêtises, il est très fréquent qu'ils me disent qu'ils aspirent à autre chose. Pensons à la période de

Noël, tout autant que nous sommes : chacun est alors animé de bons sentiments.

De plus, je partage la pensée personnaliste, qui est cette philosophie sur l'humain, comptant de nombreux chrétiens dans ses inspirateurs, dont le Français Emmanuel Mounier (1905-1950). Le personnalisme stipule que l'humain est relationnel et que c'est donc cette capacité à nouer des relations authentiques qui l'humanise et humanise le monde.

Que ce soit pour l'économie ou pour la politique, la société à laquelle j'aspire est une société de relations authentiques, en ce compris dans le domaine économique et politique. Une société de créativité partagée, canalisée dans une visée sociétale. Une société avec un pouvoir politique solide et pluriel, exercé avec une réelle balance des pouvoirs.

On ne peut certes pas programmer l'homme, puisqu'il faut lui laisser sa liberté et son désir, mais on ne peut pas le laisser sans cadre. Illustrons cela par la musique classique. Avant le Romantisme, qui promut la liberté de l'artiste, les compositeurs étaient soumis à d'énormes contraintes. C'était un prince-évêque, un duc du Saint-Empire ou un autre mécène quelconque qui disait : « Écoutez, mon vieux, dans quinze jours, il me faut une messe pour telle ou telle occasion, avec trois violons, car le quatrième est malade et une composition qui ne dure pas plus d'une demi-heure, parce que mon beau-père est protastique. » Et cette somme de contraintes a donné les chefs-d'œuvre de Purcell, Bach ou Mozart que l'on connaît.

Comme quoi, un certain cadre donne à l'homme la liberté de se révéler. On le voit bien dans le domaine de l'art pictural qui, aujourd'hui, a atteint son point de liberté absolue. Que peut-on faire de plus hors-cadre qu'un tableau qui ne figure rien, comme c'est le cas avec une peinture totalement blanche ? Dans pareil cas, y a-t-il encore un artiste qui se révèle ? Convenons que cela devient difficile. Sans un minimum de cadre, le génie humain ne parvient pas à se déployer. Donc, pour en revenir à notre sujet de discussion, je suis adepte d'un monde où la liberté économique et la liberté politique puissent s'exprimer pleinement, mais dans un cadre : le modèle « pouvoir-contrepouvoir » me semble être, non pas idéal (car l'idéal n'est pas de ce monde), mais bien le moins mauvais des systèmes. Le churchillien que je suis ne résiste pas ici à la tentation de citer le Grand Homme : *« La démocratie est le pire des régimes – à l'exception de tous les autres déjà essayés dans le passé. »*

B.C. — Je suis d'accord avec ce que vient de dire Éric. Ce dont souffre actuellement notre société qui est devenue darwinienne, c'est l'absence d'intérêt public : voilà un culte qu'il conviendrait de restaurer. Je ne vais pas mettre cela dans un cadre moral, parce que je devrais définir la morale et je ne me sens pas capable de le faire. Mais il me semble que les points de référence tels qu'ils étaient dans le passé se sont dissous, et nous sommes entrés dans des sociétés sécularisées où règne une économie individualiste. Je pense que la prospérité individuelle ne peut pas être un projet de société ; c'est malheureusement ce que les Américains font.

Il faut qu'il y ait une prospérité individuelle, cela va de soi, mais également collective et encore plus, partagée. On devrait donc avoir des formulations politiques plus proches de ce qu'on a connu après la guerre, empreintes de respect, avec intérêt social. Et celui-ci demande une vision. Or, nos sociétés n'en ont plus assez. Le monde changeant trop rapidement, elles deviennent inductives, happées par l'immédiateté et dans un rapport tout à fait instantané à l'Histoire. Alors qu'en réalité, on devrait avoir affaire à des cénacles politiques qui compensent cette immédiateté par une prise de recul : on ne confondrait pas ainsi la réaction avec l'action. Donc, je rêverais d'une société qui retrouve un modèle de partage social-démocrate qu'on avait avant. Je pense à nouveau que ce sont les années 1980 qui ont signé, d'une certaine manière, la mort de ce modèle.

Juste avant les années 1980, les Trente Glorieuses (1945-1974) furent plutôt l'exception que la norme en termes de configuration socio-politique. Il n'empêche qu'elles fondèrent la cohésion sociale sur le respect du travail et l'envie d'un projet de société commun, basé sur l'entrepreneuriat et la redistribution. Mais, aujourd'hui, la classe moyenne s'étiole et la pauvreté s'infiltre alors que le tourbillon de la révolution numérique va pulvériser des pans entiers de notre économie. La quantité et la qualité de travail vont diminuer. L'économie de marché spontanée ne permettra pas de financer nos engagements collectifs. Les prochaines années vont donc révéler une terrible confrontation et sans doute une colère sociale de certaines classes défavorisées. Notre État-providence est devenu impayable, sauf à hypothéquer la prospérité des futures générations par une gigantesque dette publique. Là aussi, on trouvera des raisons objectives, comme le vieillissement de la population et la décroissance des gains de productivité. Il n'empêche : nous vivons à crédit sans plus être capables de tisser le filet de sécurité sociale qui évite la pauvreté à un nombre croissant. C'est pour cette raison qu'il ne faut pas minimiser les risques de radicalisation et d'extrémismes politiques. Les crises économiques entraînent des éruptions et les escalades politiques forment une lave qui ne refroidit jamais.

Et où mènerait cette économie libérale ou ultralibérale sans état d'âme ?

B.C. — Cela ne mène nulle part, c'est une catastrophe. Nous en avons parlé : Adam Smith n'a jamais parlé d'un État chétif. Au contraire, il parlait d'un État fort pour empêcher la constitution de monopoles, pour permettre à tout le monde d'entrer dans une économie de marché, supposant une concurrence parfaite. Il voulait donc que l'État garde des attributs régaliens importants, notamment en ce qui concerne la monnaie, la protection des hommes et des biens. Et le néolibéralisme constitue en fait la revanche capitalistique contre le travail. Les années 1970 ont été une catastrophe pour le capitalisme parce que l'échelonnement monétaire et la politique inflationniste ont fait perdre quasiment la moitié de sa valeur au capital. Dans les années 1980, on a voulu légitimement protéger le capital mais dans un modèle anglo-saxon qui n'est pas la trame de nos communautés européennes. Et c'est ainsi que s'est exacerbé l'individualisme. Désormais, il est très difficile de faire comprendre à une population qu'il existe des engagements sociétaux. La meilleure illustration en est le problème des pensions : un tiers de la population sera bientôt parvenu à l'âge de la retraite, dans quinze ans. Il s'agit là d'un engagement collectif dont normalement nous

« Entre des politiques locales et une économie mondialisée, il importe de retrouver le sens de l'économie politique. »

Bruno Colmant

devrons être les débiteurs et les bénéficiaires. Mais on n'a pas voulu sacrifier la jouissance immédiate, le narcissisme du présent à un projet plus lointain. En ce domaine, je pense que les sociétés protestantes – calvinistes et luthériennes (mais non baptistes américaines) –, qui présentent un aspect plus collectiviste, ont mieux préparé leurs politiques économiques. C'est d'ailleurs cet esprit calviniste qui a disparu du capitalisme anglo-saxon, devenu athée, ou à tout le moins agnostique.

Mais alors que faire pour conserver une économie de marché tempérée et efficace sans céder aux basculements politiques délirants ? Entre des politiques locales et une économie mondialisée, il importe de retrouver le sens de l'économie politique. Au risque d'impopularité, les dirigeants démocratiquement élus doivent relever de plusieurs années leur vision politique. Il convient d'exiger de poser l'équation des défis futurs et d'arrêter une gestion de la cité qui entretient un rapport instantané au temps. En vérité, ce ne sont pas les élites qui sont écartées, c'est leur incapacité à exprimer une réponse socio-politique crédible qui est en cause. Il faut donc être à la hauteur de cette démocratie et porter plus haut et plus loin la valeur du mandat électoral. Les teneurs de légitimités citoyennes (universitaires, chercheurs, responsables syndicaux et patronaux) doivent porter la voix de constructions humanistes. Leur silence serait coupable et le piège de l'Histoire se refermerait sur eux.

Ce qui importe désormais, c'est d'avoir un agencement politique qui promeuve la cohésion sociale et l'espérance dans un monde où les bouleversements sont trop nombreux pour pouvoir être compris et intégrés par une population inquiète et désemparée. Quelles que soient leurs formulations, les modèles préconisés par les tribuns de l'extrême ne sont, à mon intuition, que d'éphémères et destructrices expressions médiatiques. Nos communautés ont besoin de concentration, de concertation, d'alignement et de promotion de valeurs vertueuses qu'on pourrait englober dans un vocable de patriotisme, c'est-à-dire un projet et une promesse. Il faut que la critique soit orientée vers la confiance nationale. Il faut une renaissance intellectuelle qui suscite l'unité des tendances et le culte de l'intérêt général. C'est à cette seule ascèse morale que ceux qui dirigent ce pays doivent s'astreindre. Il ne faudrait pas, comme de Gaulle l'écrivait en 1932, que déjà toute l'espérance du siècle soit dévorée.

É.d.B. — Pour reprendre ce que dit Bruno d'un point de vue plus philosophique ou en termes de vision de l'homme, je pense qu'après la Révolution française et la sécularisation qu'elle a entraînée, s'est posée la question : comment définir l'être humain ? Plus question de l'estampiller « noble », « clerc » ou « roturier ». Les penseurs du monde post-révolutionnaire ont dû faire une recherche lexicographique. Il y a eu « l'individu », abstraction libérale, et « le membre d'une classe économique», abstraction sociale. C'est ici que le personnalisme (dont je viens de parler) vient avec une vision plus concrète et plurielle - à savoir celle de « personne », soit de l'être humain comme sujet de relations qui le constituent pour le meilleur et le pire.

Je le répète, la personne, c'est l'être de relation. Au cours de notre première enfance, nous découvrons la relation dans le regard de notre maman. Quand le lien freudien avec la mère se coupe, nous devenons des êtres de relation les uns avec les autres. Il est vital pour l'humain de se déployer comme être de relations authentiques, y compris en société dans les dimensions socio-économiques de son existence. La solitude est le premier cancer de nos sociétés : quantité de gens en souffrent, dans tous les milieux. Cela est aussi dû au fait qu'on vit dans un monde qui va de plus en plus vite, mais n'idéalisons pas les villages d'antan où circulaient beaucoup de cancans et où il n'était pas rare que les rebelles se fassent lyncher par l'opinion publique.

B.C. — François Mauriac disait que la campagne est plus cruelle que la ville.

É.d.B. — Oui, je le répète, n'idéalisons pas un passé que nous n'avons pas connu. Mais je pense néanmoins que retrouver le sens du bien commun, c'est aussi prendre conscience que ce sont nos relations qui nous réalisent. Quand nous arriverons sur notre lit de mort, et quel que soit ce qui aura eu du prix pour nous au cours de notre existence, nous nous rendrons compte que ce sont nos relations qui nous ont le plus enracinés dans notre humanité.

Aristote le disait déjà : « L'homme est un être sociable ; la nature l'a fait pour vivre avec ses semblables. »

É.d.B. — Très juste. Il y a une seconde chose sur laquelle je pense que nos sociétés doivent travailler, en termes d'éducation. Je me souviens à ce propos de ce que m'avait dit Arthur Bodson, alors recteur de l'Université de Liège, à l'époque où j'étais aumônier des étudiants : « Monsieur l'abbé, comme libre-penseur, je ne suis pas de votre bord – comme on dit – mais je vous soutiens. En effet, je ne veux pas que mes étudiants deviennent des analphabètes spirituels. » C'était tellement bien exprimé ! Une éducation à la spiritualité permet d'intégrer toutes ces crises de sens que la vie – qu'on soit croyant, agnostique ou athée – nous fait nécessairement rencontrer : la justice et l'injustice, la joie et la peine, la réussite et l'échec, la vie et la mort, la richesse et la pauvreté, etc.

Si on ne cultive pas dans les générations montantes une grammaire de l'intériorité – appelons cela « spiritualité » –, ces jeunes gens et futurs adultes risquent de rester de simples petits consommateurs avec « J'ai mon smartphone dernier cri » comme unique credo. Et si un jour ils rejettent ce modèle consumériste qui étouffe l'homme, ils pourraient – comme d'autres avant eux – sombrer dans le fondamentalisme religieux, comme fuite en avant : « Trouvez-moi des réponses au vide qui me hante. » Ou encore, ils verseront dans la version politique du fondamentalisme, qui est le populisme identitaire : « Livrez-moi un ennemi extérieur, un bouc-émissaire, qui donne du sens à ma vie sans profondeur. » Seule une intériorité mature – une spiritualité authentique – peut offrir aux humains la colonne vertébrale qui leur donne d'affronter les défis de l'existence avec force et résilience. Ce n'est pas en se construisant des carapaces qu'on va s'en sortir.

Retrouvons donc la voie du personnalisme véritable et développons une spiritualité authentique qui donne une profondeur intérieure à nos relations.

Voilà une condamnation en bonne et due forme de la frénésie consumériste. Mais comme la pauvreté revient dans notre société, beaucoup de personnes plus ou moins jeunes ne pourront même plus accéder aux biens que la publicité leur fait miroiter : bonjour le désarroi !

B.C. — C'est la raison pour laquelle les réseaux sociaux ne sont pas une intrusion dans nos vies, mais une exclusion de nos envies. En fait, on est en train de vivre maintenant dans un monde où on projette en permanence des images de vie idéales, tout ce qu'on peut imaginer de meilleur. Mais, en réalité, nous sommes en train d'osciller entre un désir qui devient par le pouvoir économique inassouvissable et l'auto-entretien de cette inaccessible étoile lointaine, forcément lointaine. Et donc, ça désoriente les citoyens.

É.d.B. — Ce que Bruno dit sur les réseaux sociaux représente un réel risque. C'est le risque que tout média nous fait courir, celui de nous faire vivre dans un monde factice. Quand nous étions jeunes, il y avait des personnes qui passaient leur vie devant leur poste de télévision et qui dès lors ne vivaient plus. Il fallait donc éduquer la population à vivre avec la télévision. Aujourd'hui, les réseaux sociaux sont un média encore beaucoup plus puissant et, à ce titre, le risque est encore plus réel que d'aucuns ne vivent plus que virtuellement et par procuration, comme prisonniers du « continent numérique ».

En même temps, un média peut aussi devenir un outil de développement humain. Je suis épaté, moi qui ne suis pas un « natif-digital » - Bruno non plus d'ailleurs -, de voir comment un groupe de jeunes peuvent utiliser ces réseaux, soit pour éveiller à l'action citoyenne, soit pour créer des plateformes de discussions citoyennes, des associations, des mouvements de solidarité, soit encore pour lancer des start-up.

Même s'il n'y a pas à revenir sur toutes les inquiétudes que Bruno et moi avons exprimées quant à l'avenir, un motif d'optimisme est la formidable capacité d'adaptation d'une jeune génération aux défis de demain. J'exprime ainsi mon admiration envers tous ces jeunes entrepreneurs qui se lancent dans la création de richesses au cœur du monde numérique.

B.C. — Je partage intensément cet optimisme pour l'entreprenariat des jeunes. C'est ce qui motive ma démarche d'enseignement à laquelle je consacre beaucoup d'énergie et de passion.

Je crois que, sur ces paroles, nous pouvons passer à la conclusion. Il y a dix ans, vous vous êtes penchés sur la crise de 2008. Le passé pouvant éclairer notre présent, il me semble qu'il serait intéressant de faire maintenant, avec le recul, une sorte de résumé de ce qui a causé cette crise.

B.C. — Il y a dix ans, on était bien en présence d'un choc d'économie de marché, mais qui a montré surtout la fragilité systémique de la sphère financière. C'était aussi un choc de subordination de l'État par le marché. Ce choc a constitué un message à la fois prophétique et métaphysique sur les déséquilibres futurs qui ont tous été anticipés de vingt ans. C'est comme si, en 2008, on avait avancé 2028 de vingt ans. Nous sommes entrés dans une période de turbulences et nous n'avons pas trouvé de réponse structurelle ou socio-politique au choc de 2008. Au contraire, nous avons torsadé en partie les paramètres économiques – je pense aux taux d'intérêt par exemple – pour continuer à soutenir à bout de bras une économie, sans engager la question de l'économie réelle et donc du choix de modèle politique et de justice sociale.

É.d.B. — Je vais faire une analyse plus humaine qu'économique. Bruno et moi avons vu le film *The Big Short* (titre français : *Le Casse du siècle*) sorti en salles en 2015. Il raconte l'histoire des quelques rares personnes qui ont vu arriver la crise des subprimes aux États-Unis et qui l'ont anticipée en pariant contre le système. Elles ont été traitées de folles. Et le film commence par la remarque suivante : « Ces gens-là ont fait quelque chose de tout à fait extraordinaire : ils ont ouvert les yeux. » La première chose que la crise de 2008 évoque chez moi, c'est ce mécanisme d'auto-aveuglement – appelé « le déni » – dans lequel chacun de nous est par moments englué. L'être humain vit souvent dans le déni par confort mental, afin de ne pas devoir affronter le jugement de la réalité. En 2008, il existe une économie dans laquelle des gens – hautement diplômés et habillés en costume trois-pièces – continuent à capitaliser sur un système dont les fondements (crédits pourris à l'immobilier) ne peuvent que s'écrouler. Mais voilà : comme ça marche et que cela rapporte beaucoup d'argent, tout le monde dit à tout le monde... que ça va continuer à marcher. Et ces personnes hautement qualifiées et honorables fabriquent avec ces crédits pourris des produits financiers qu'ils vendent à travers le monde, à d'autres personnes qualifiées et habillées en costume trois-pièces. Ceux-ci achètent parce que des agences de notation – dont c'est le métier – donnent des cotes de fiabilité absolue. Et pourquoi ces agences le font-elles ? Parce que les autres agences font de même... Donc, tout le monde fait comme tout le monde parce que tout le monde fait comme tout le monde. On est dans une structure de déni. Et il n'y a que l'une ou l'autre personne qui ouvre les yeux et dit : « Ça va péter ! »

Le tableau *Les aveugles* de Breughel...

É.d.B. — Breughel illustre dans son tableau une parole du Christ : « Un aveugle peut-il conduire un autre aveugle ? Ils finiront tous deux par tomber dans un trou. » (Luc 6, 39). Il n'y a pas d'une part des méchants et d'autre part des gentils. Mais il y a d'une part une population de financiers qui vit dans le déni et de l'autre de braves gens qui prêtent foi à un monsieur qui a un costume trois-pièces, un nom américain et qui accorde un triple « A ». Comme plus personne ne sait ce qu'on lui vend, chacun conclut que cela ne peut qu'être bon « puisque tout le monde l'achète ». J'ai rencontré des patrons de banque qui ont perdu leur emploi suite à la crise de 2008. Ce sont des honnêtes hommes, mais qui reconnaissaient qu'ils achetaient des produits financiers dont plus personne – à commencer par eux – ne saisissait la teneur.

Ce déni a causé des dégâts…

É.d.B. — Une fois que le système s'écroule, le petit épargnant, qui – conseillé par son banquier de quartier – a mis toutes ses économies dans des placements de « bon père de famille » (pensons à l'action Fortis), perd des années de travail et est très en colère. Et encore, lui a les moyens de faire une épargne. Mais, plus touchées, sont les personnes qui perdent leur emploi et qui, du jour au lendemain, se trouvent dans une situation de précarité. Bref, la crise de 2008 a eu son lot de « dégâts collatéraux », créant des situations économiques dramatiques chez des personnes qui n'avaient commis que l'erreur de faire confiance au système. Si je ne suis pas d'accord avec les politiques antisystèmes, tellement en vogue aujourd'hui, je puis comprendre ce ras-le-bol aussi diffus que général et ces gens qui désirent « renverser la table ».

Ceci, d'autant plus qu'après la crise de 2008, le déni collectif a repris de plus belle. Il y eut, en pleine crise, une prise de conscience et des paroles de lucidité. En 2008, le président Sarkozy veut refonder le capitalisme et déclare que « l'économie-casino, c'est fini ». À titre plus personnel, je me rappelle ce grand quotidien financier bruxellois, qui d'habitude ne s'intéressait pas fort aux questions d'Église, me demandant quelle était la vision de celle-ci sur l'économie. Devant ma surprise, le journaliste m'a avoué : « Nous sommes tellement secoués que nous cherchons d'autres voix pour régénérer notre réflexion. » Bref, le système économique avait commencé à penser *out of the box*, c'est-à-dire à réfléchir en-dehors de l'entre-soi et à chercher des solutions ailleurs. Force est de constater que s'il y a eu une série de corrections (les accords de Bâle pour le système bancaire, et autres), une fois que les soubresauts du tremblement de terre se sont éloignés, ça a été quand même du *business as usual*.

Et je reviens à ce qu'on a dit auparavant : on a mis des digues et des écluses un peu plus solides mais le courant est aussi devenu beaucoup plus violent. Ce qui fait qu'un choc systémique pourrait tout emporter sur son passage. Le déni, donc : vous avez le feu dans votre remise et, soudainement, vous allez revoir toutes vos assurances pour vérifier si vous êtes bien couvert. Six mois plus tard, vous n'allez plus y penser parce que vous êtes repris par la vie.

Je vois donc une double forme de déni : celui d'avant, qui a permis la crise, et celui d'après, qui a fait qu'on s'en est un peu occupé mais pas tant que ça. Voilà mon analyse de 2008.

B.C. — Je ne réfute pas l'approche humaniste d'Éric. En fait, on a cru un moment pouvoir, après 2008, domestiquer l'économie de marché mais celle-ci a amplifié son spectre depuis 2008.

On a parfois l'impression aussi qu'on est en train de rejointoyer des briques dans une maison qui n'existe plus ou qui est en train de s'effondrer.

B.C. — C'est parce qu'on mélange le passé, le présent et le futur. Les marchés financiers ont comme fonction de négocier le futur et, en fait, il va y avoir une dissociation entre le constat du présent, l'accomplissement du passé et l'image du futur. Même si je n'aime pas tellement ce terme, comme déjà dit, c'est la différence entre l'économie réelle et l'économie financière qui est constatée. Et aujourd'hui, je pense qu'il y a une dissociation entre les deux, plus importante qu'en 2008. Je le répète : le capitalisme anglo-saxon, auquel j'ai tellement cru, est inadapté au modèle social-démocrate européen. Je me suis fait des illusions, il y a une dizaine d'années.

É.d.B. — Et donc une tension de plus en plus forte.

B.C. — Et cette tension est liée à la dissociation entre le constat de l'économie sociale et une mutation financière dont la vélocité a augmenté depuis 2008.

Vu ce que vous venez tous deux de dire, comment vous projetez-vous dans dix ans ? Autrement dit, où en serons-nous en 2028 ?

É.d.B. — Pour 2028, je n'ai qu'une seule certitude : si nous vivons toujours tous les trois, nous aurons dix ans de plus. Le reste est évidemment à écrire et je n'ai pas de boule de cristal. Mais je pense que nous sommes au carrefour de plusieurs scénarios.

Voici le scénario le plus noir : l'implosion de notre démocratie, sous la pression de peuples qui deviennent antisystèmes et de dirigeants à leur image. Dans ce cas, une économie de plus en plus sous tension poussera les leaders populistes à désigner des boucs émissaires – qui seront forcément toujours « l'autre ». Si ce genre de tension

« On a mis des digues
et des écluses un peu plus
solides mais le courant est aussi
devenu beaucoup plus violent.
Ce qui fait qu'un choc
systémique pourrait tout
emporter sur son passage. »

Éric de Beukelaer

s'accentue sans contre-feux, je crains qu'on aille vers la guerre. Sera-t-elle totale, partielle, civile, régionale ou globale ? Je n'en sais rien. Mais je rappelle quand même le discours de Churchill en 1946 à Zurich qui disait – tout Britannique qu'il était – que si Paris et Berlin ne formaient pas une Union fédérale avec quelques autres pays voisins, il y aurait de nouveau la guerre. Le tombeur d'Hitler avait pensé l'Union européenne... Il sentait qu'il fallait profiter de cette paix pour créer une communion de destin, sans quoi la guerre reviendrait. Immanquablement, les intérêts nationaux se heurteraient les uns contre les autres. De fait, je n'exclus certainement pas que, si demain l'Union européenne implose complètement, on ait à nouveau la guerre sur le sol européen. Dire « ça n'arrivera plus jamais », c'est ne pas connaître l'Histoire. Et donc, le vieux churchillien que je suis invite à écouter l'avertissement du Grand Homme qui a été un acteur des deux guerres mondiales. Il fut suivi par les pères de l'Europe. Ceux-ci n'agissaient pas par romantisme européen, mais par lucidité politique.

Mais le pire n'est pas toujours certain. Un scénario optimiste peut être également imaginé. Je cite encore Churchill à cet égard : « *Un pessimiste voit une difficulté dans chaque opportunité, un optimiste voit une opportunité dans chaque difficulté.* » J'ai donc choisi de me définir comme un optimiste de combat. L'optimisme, ce n'est pas la méthode Coué selon laquelle « tout ira bien » ; l'optimisme, c'est une volonté de forcer le destin. Je parie donc sur un sursaut de lucidité qui permettra à l'Union européenne de garder – peut-être dans une Europe redimensionnée – une communauté d'intérêts, sans doute à plusieurs vitesses. Une Union permettra de désamorcer les tensions qui viendront. Je parie aussi – mais c'est un pari – sur une lucidité qui permettra, en cas de nouveau choc systémique, de ramener l'économie à sa juste mesure, sur des bases plus saines, qui rendent à l'État son rôle régalien – dont Bruno a plus d'une fois traité. Je parie enfin sur la jeunesse. Comme à chaque génération, celle-ci n'est ni meilleure ni moins bonne qu'une autre. Cependant, elle a une résilience et une forme d'adaptation propres. Ce qui fait qu'elle trouve, tant dans la société civile que dans le monde de l'entreprenariat, de nouvelles solutions. Celles-ci doivent avant tout permettre d'aborder le choc climatique qui reste le grand choc silencieux qui nous menace tous.

Entre le scénario le plus sombre et celui qui est optimiste, il est probable que 2028 se situera quelque part entre les deux, avec des dosages que seul l'avenir connaît. Sans doute que cet avenir passera par « *du sang, de la peine, de la sueur et des larmes* », mais cela n'empêchera pas de faire advenir un monde qui sera digne des générations à venir. C'est ce que j'espère en tout cas.

B.C. — Tu viens de faire référence à Churchill. Je ferai, pour ma part, référence à de Gaulle, qui était un prophète désespéré qui pensait que le pessimisme était fécond. Je crois que les crises successives révèlent la fin d'un modèle et l'aboutissement d'un état de complaisance, de manque de vision, de déficit de perspectives. Les configurations sociétales deviennent extrêmement vulnérables. La véritable question portera donc sur la représentation de l'avenir du corps social. Les démocraties seront mises à l'épreuve dans le sillage des chocs économiques. Insidieusement, d'autres configurations politiques risquent d'émerger. Il est donc

« Je crois que les crises successives révèlent la fin d'un modèle et l'aboutissement d'un état de complaisance, de manque de vision, de déficit de perspectives. Les configurations sociétales deviennent extrêmement vulnérables. »

Bruno Colmant

indispensable que, faute d'homme providentiel, ceux qui dirigent nos démocraties représentatives indiquent, au risque de l'impopularité, quel est l'avenir social et politique dans un cadre apaisant, car nos États européens manquent de lisibilité sur le futur, quel qu'il soit. S'il y a des périodes politiques, il faut désormais un temps étatique. Il faut un État fort, non pas au sens de l'autoritarisme qu'il peut exercer, mais bien de l'autorité qui peut en rayonner. Il se pourrait que certains imaginent que le rôle de l'État puisse diminuer s'il abandonnait ses attributs régaliens au profit d'une économie de marché spontanée. Ils se trompent, car nous traversons peut-être une convulsion délicate du capitalisme.

Votre analyse me fait penser au jugement de Robert Schuman qui disait : « L'Europe n'a pas été faite, nous avons eu la guerre. » Il y a autre chose qui est interpellant dans notre actualité politique : les corps intermédiaires, dont les syndicats, ne parviennent plus à entourer pratiquement les masses, pour reprendre un terme marxisant. Et cette situation pourrait entraîner le retour des émeutes dans nos sociétés.

B.C. — Je combats cette idée, mais l'émeute ou l'insurrection sont des schémas tristement plausibles, comme l'a récemment éctit Alain Minc, parce que, effectivement, l'économie est moins cadrée, moins apaisée par des agrégats socio-politiques qui sont plus ou moins dissous. La situation américaine sera intéressante à observer à l'approche des prochaines élections présidentielles.

Et dans la mesure où nous sommes devenus américains, comme le souligne Régis Debray dans un livre récent, quid de notre société ?

B.C. — Nous sommes devenus américains par une forme de névrose. L'Europe a existé dans l'apaisement de deux guerres entre des pays qui partagent des frontières communes au point que, s'il n'y avait pas eu les deux guerres, il n'y aurait peut-être pas eu d'Europe. Les pays européens ont été amenés à s'entendre, mais cet effet d'aubaine a duré septante ans. On ne s'est pas rendu compte que le capitalisme anglo-saxon était un capitalisme de frénésie, à l'opposé du capitalisme rhénan. Nos communautés ne sont pas prêtes, elles n'ont pas été formées à cette espèce de nervosité mercantile. Donc, elles se fissurent. Je ne suis pas du tout résigné mais préoccupé et donc combatif dans le débat d'idées.

Les élections européennes vont avoir lieu au mois de mai 2019. Peut-on espérer que lors de ce vote se produise un sursaut vers plus d'intervention de l'État dans l'économie, de quoi apaiser quelque peu les disparités existant entre une minorité de riches et des populations en proie à une précarisation galopante ? On entend souvent les citoyens dire : « Nous ne sommes pas contre l'Europe, mais nous souhaitons ardemment qu'elle soit plus sociale. »

É.d.B. — Bien malin celui qui peut dire dans quel sens les élections européennes vont tourner. Le drame, ou la difficulté, c'est que l'Europe n'est pas encore symboliquement significative pour la plupart de ses citoyens. Dès lors, le vote européen sert plutôt de défouloir par rapport à des enjeux nationaux et la composition du Parlement européen s'en ressent.

Il faut quand même être positif, il y a eu une petite avancée ces derniers mois : Macron et Merkel ont fait une proposition de budget européen plus consolidé. C'est là une étape pour que l'Europe puisse construire une communauté économique de destin, où le politique reprendrait un peu la maîtrise par rapport aux marchés. Je ne dis pas que l'Europe pourra tout changer, mais elle aura en tout cas, de par sa taille et son importance, une marge de manœuvre plus importante pour le faire. Cette avancée est cependant fragilisée par le fait que, pour le moment, c'est du côté de l'Allemagne que le pouvoir est instable pour des questions internes.

De nombreuses personnes ouvrent les yeux et entrevoient ce qu'il faudrait faire, mais le sol sous leurs pieds est beaucoup plus friable. Il est, en effet, plus difficile de mener une action quand tout devient sujet à des enjeux parasitaires : la peur des migrants, le retour identitaire vers la nation... Bref, les gens qui savent vers où aller ont plus de mal à prendre des initiatives, par peur de s'embourber.

Ce qui est également frappant dans nos sociétés, c'est la brutalisation verbale. La virulence en paroles précède toujours, de façon inquiétante, la violence sociale. On n'avance pas avec des insultes. Dans un débat, c'est avec des arguments qu'on peut progresser.

B.C. — Pour rebondir sur les propos d'Éric, je pense que ce qu'il faudrait faire, c'est restaurer le culte de l'intérêt général. Ce qui exige une tempérance sociale, un meilleur dialogue entre les deux facteurs de production – le travail et le capital. Cela implique que la société ait le plein-emploi comme objectif. Cela signifie aussi qu'il faut convaincre les citoyens que l'éducation est le ciment de ce projet de société. Et donc, ça demande qu'on ne délègue pas ce genre de projet à des populistes qui vont l'incarner. C'est ça qui est dangereux : croire à un moment que quelqu'un va se draper dans les habits d'un *deus ex machina*.

Le mythe du sauveur providentiel…

B.C. — Oui, c'est à titre individuel qu'on doit faire preuve d'intelligence, avec des efforts de tempérance, de lucidité, d'éducation, de formation et de calme. On a bien sûr tous des haut-le-cœur, des raidissements psychologiques, quel que soit le phénomène auquel on fait face. Ça demande un effort d'individuation. Il faut sortir de l'affluence collective pour retrouver un calme permettant d'aborder les choses de manière structurée. Je le répète : ce qui manque, c'est le culte de l'intérêt général

« Ce qui manque, c'est le culte de l'intérêt général et l'équilibre des facteurs de production. Je pense qu'il a prévalu après la guerre. Il a disparu parce que la morphologie de la sphère marchande a donné l'impression qu'on pouvait assurer sa prospérité individuelle au détriment des autres. »

Bruno Colmant

et l'équilibre des facteurs de production. Je pense qu'il a prévalu après la guerre. Il a disparu parce que la morphologie de la sphère marchande a donné l'impression qu'on pouvait assurer sa prospérité individuelle au détriment des autres. En résumé, dans le monde occidental, nous traversons, depuis les années 1980 mais encore plus depuis la crise de 2008, une crise morale et un oubli de la discipline individuelle associée aux objectifs collectifs, avec le risque de bouleversements majeurs des peuples. C'est contre cette dérive qu'il faut réveiller les consciences. Ce sera ma conclusion.

É.d.B. — Je ne peux qu'embrayer évidemment. Je rappelle ce que j'ai déjà exprimé : la notion politique libérale d'« individu » est utile en termes de défense des droits de l'homme, mais c'est une abstraction. Nous ne sommes pas des « individus », concrètement parlant. La notion socialiste de « classe sociale » est aussi utile parce que, de fait, la lutte des classes est une réalité. Mais, elle aussi est une abstraction : nous ne sommes pas à 100 % « classe dominante » et à 100 % « classe dominée ». La vision la plus concrète est celle du « personnalisme » dont j'ai déjà parlé. Nous sommes des êtres de relation. Il s'agit de développer une capacité à tisser des relations professionnelles, mais également humaines. Pour citer le Christ : « *À quoi ça sert à l'homme de gagner le monde entier s'il perd sa propre âme ?* » (Marc 8, 36).

Et donc, j'en appelle à une réalphabétisation spirituelle des populations occidentales. Accompagné du professeur en médecine Steven Laureys qui a reçu le prix Francqui en 2017 (prestigieux prix décerné, chaque année, à un scientifique en Belgique), j'ai rencontré récemment des enfants de 12 ans, tous réseaux scolaires confondus. Lui, comme moi disions aux enfants : « Prenez tous les jours quelques minutes de silence avant d'aller vous coucher. » Et j'ajoutais, à l'attention des directions d'écoles : « Comment se fait-il qu'il n'y ait pas dans les écoles des lieux de silence ? » Même si personne ne s'y rend durant la récréation parce qu'on préfère jouer au foot, au moins il y aurait un lieu qui rappellerait que, au milieu de la turbulence, il faut savoir revenir en soi-même, se recentrer et retrouver le chemin vers son âme.

Chaque goutte de silence est la chance d'un fruit mûr.

É.d.B. — Seule une certaine qualité d'intériorité permet à l'homme de vaincre son égoïsme et de se donner pour voir triompher l'intérêt collectif, que Bruno appelle de ses vœux. Même au prix de sacrifices. Si le geste du colonel Beltrame a eu un tel impact, c'est parce que tout le monde s'incline, quand – pour un plus grand bien – quelqu'un va jusqu'à donner sa propre vie. Cela a du sens, que l'on soit croyant ou non. Personne n'aurait reproché à ce colonel d'avoir pensé à sauver sa peau – c'est un droit que tout le monde a –, mais il est allé beaucoup plus loin, en donnant tout. Il ne s'agit pas d'inciter chacun à devenir martyr, mais de veiller à une prise de conscience que l'intérêt collectif doit primer sur nos petits intérêts personnels. Et que cela va nous humaniser.

Ma conclusion sera un acte de foi en la jeunesse. Je me souviens d'une phrase de je ne sais plus quel vieux lord à l'époque de la Seconde Guerre mondiale : « *Durant la Première Guerre mondiale, j'étais dans les tranchées. Je pensais que la génération des années 1930-1940 était gâtée et insouciante, mais elle a donné les pilotes qui nous ont sauvés lors de la bataille d'Angleterre.* » J'espère et j'ose croire que les générations montantes seront capables de guérir ce monde, mieux que notre génération qui a voulu prolonger artificiellement les Trente Glorieuses et son modèle de société de consommation. Il faudra que nous les accompagnions sur ce chemin. Quand je vois – je me répète – ces jeunes engagés de manière très généreuse dans la société civile, ou encore ces nouveaux entrepreneurs pleins d'audace et animés d'une conscience écologique, je me dis qu'il y a raison d'espérer. Je rencontre tant de concitoyens, âgés de moins de 30 ans, chrétiens ou non, croyants ou pas, qui me confient leurs besoins spirituels, leurs idéaux et leurs rêves. C'est souvent très rafraîchissant. Alors oui, le monde a parfois un côté cynique et glauque, mais le cœur de l'homme regorge de ressources insoupçonnées. Et c'est sur celles-ci que je voudrais parier.

Bibliographies

Principaux ouvrages de Bruno Colmant

(INDIVIDUELS ET COLLECTIFS)

— *Les nouveaux instruments financiers*, Bruxelles, Kluwer Éditions Juridiques, 1994.

— *Gestion du risque de taux d'intérêt*, Bruxelles, Kluwer Éditions Juridiques, 1995.

— *Le droit comptable dans la société*, Bruxelles, Ced-samsom, 1996.

— *Les nouveaux instruments financiers*, Bruxelles, Kluwer Éditions Juridiques, 1998.

— *Le droit comptable belge applicable aux instruments financiers*, Bruxelles, Larcier, 2001.

— *Les stock-options*, Cahiers Financiers, Bruxelles, Larcier, 2002.

— *Les instruments financiers optionnels*, Cahiers Financiers, Bruxelles, Larcier, 2002.

— *Les obligations*, Cahiers Financiers, Bruxelles, Larcier, 2002.

— *Efficience des marchés*, Cahiers Financiers, Bruxelles, Larcier, 2003.

— *La décote des* holdings *belges*, Cahiers Financiers, Bruxelles, Larcier, 2003.

— *Les normes IAS/IFRS 32 et 39*, Cahiers Financiers, Bruxelles, Larcier, 2003.

— *Les stock-options – Édition 2004*, Cahiers Financiers, Bruxelles, Larcier, 2004.

— *Les obligations – Édition 2004*, Cahiers Financiers, Bruxelles, Larcier, 2004.

— *Les obligations convertibles*, Cahiers Financiers, Bruxelles, Larcier, 2005.

— *Les Accords de Bâle II pour le secteur bancaire*, Cahiers Financiers, Bruxelles, Larcier, 2005.

— *Les normes IAS/IFRS 32 et 39 – 2005*, Cahiers Financiers, Bruxelles, Larcier, 2005.

— *Les stock-options – Édition 2006*, Cahiers Financiers, Bruxelles, Larcier, 2006.

- *Les intérêts notionnels*, Cahiers Financiers, Bruxelles, Larcier, 2006.
- *L'image fidèle en droit comptable belge*, Cahiers Financiers, Bruxelles, Larcier, 2007.
- *Les normes IAS/IFRS 32 et 39 et IFRS 7*, Cahiers Financiers, Bruxelles, Larcier, 2007.
- *La suppression des titres au porteur*, Louvain-la-Neuve, Anthemis, 2007.
- *Accountancy tussen onderzoek en praktijk*, Malines, Kluwer, 2007.
- *Les déductions fiscales à l'impôt des sociétés*, Cahiers Financiers, Bruxelles, Larcier, 2008.
- *Économie européenne : l'influence des religions*, Louvain-la-Neuve, Anthemis, 2008.
- *Les normes IFRS*, Collection Synthex, Paris, Pearson, 2008.
- *2008 : L'année du krach*, Bruxelles, Larcier, 2008.
- *Synthèses de droit bancaire et financier*, Bruxelles, Bruylant, 2008.
- *L'efficience des marchés*, Cahiers Financiers, Bruxelles, Larcier, 2009.
- *La bourse et la vie, propos recueillis par Brigitte d'Hose*, dialogue avec Éric de Beukelaer, Louvain-la-Neuve, Anthemis, 2009.
- *La crise économique et financière de 2008-2009*, Bruxelles, P.I.E. Peter Lang, 2010.
- *Les éclipses de l'économie belge*, Limal, Anthemis, 2010.
- *IFRS et la crise financière*, ICCI, Anvers, Maklu, 2010.
- *IEC 2010*, Lannoo, 2010.
- *Le Capitalisme d'après*, dialogue avec Axel Miller, Bruxelles, Larcier, 2010.
- *2010, l'année fracturée*, Limal, Anthemis, 2010.
- *L'impôt en Belgique après la crise, dialogues avec Étienne de Callataÿ*, Bruxelles,Larcier, 2010.
- *2011-2013 : Les prochaines conflagrations économiques*, Bruxelles, Larcier, 2010.

— Liber Amicorum à *Jacques Autenne*, Bruxelles, Bruylant, 2010.

— *Des temps provisoires, une année imprécise*, Limal, Anthemis, 2011.

— *Les Dialogues de la fiscalité – Édition 2011*, Bruxelles, Larcier 2011.

— *Les sentinelles de l'économie*, Limal, Anthemis, 2012.

— *La mélancolie d'une charmille*, Amazon-Kindle et Anthemis, 2012.

— *Cinquante ans de fiscalité* – Actes d'un colloque de l'ESSF, 2012.

— *La déflagration monétaire*, Limal, Anthemis, 2012.

— *Voyage au bout de la nuit monétaire*, Collection de l'Académie Royale de Belgique, 2012.

— *De nouvelles géométries économiques*, Limal, Anthemis, 2013.

— *Les agences de notation financière*, Bruxelles, Larcier, 2013.

— *Les normes IFRS, une nouvelle comptabilité financière*, Collection Synthex, Paris, Pearson, 2013.

— *Capitalisme européen : l'ombre de Jean Calvin*, Collection de l'Académie Royale de Belgique, 2013.

— *Dettes publiques : un piège infernal*, avec Jennifer Nille, Bruxelles, Larcier, 2014.

— *Du bon génie de l'inflation à l'ogre de la déflation*, Limal, Anthemis, 2014.

— *Seven years of economic crisis*, Limal, Anthemis, 2014.

— *Penser l'économie autrement*, dialogue avec Paul Jorion, Paris, Fayard, 2014.

— Liber Amicorum à *Maurice Eloy*, ouvrage collectif, Limal, Anthemis, 2014.

— *La Bourse, une machine infernale*, avec Jennifer Nille, Waterloo, Renaissance du Livre, 2014.

— *L'économie est-elle juste – Intuitions sur la crise*, Collection de l'Académie royale de Belgique, 2014.

— *Ceci n'est pas une déflation – c'est beaucoup plus grave !*, Limal, Anthemis, 2014.

— *Cinquante nuances d'aigris*, illustré par Pierre Kroll, Waterloo, Renaissance du Livre, 2015.

— *Ceci n'est pas une crise*, ouvrage collectif de la fondation Ceci n'est pas une crise, Waterloo, Renaissance du Livre, 2015.

— *De gigantesques soustractions économiques*, Limal, Anthemis, 2015.

— *Brexit !*, ouvrage collectif de la Fondation Ceci n'est pas une crise, Waterloo, Renaissance du Livre, 2016.

— *Le futur se rappelle à notre souvenir*, Limal, Anthemis, 2016.

— *Analyses économiques*, Banque Degroof Petercam, 2016.

— *Larroque, Thérèse*, Limal, Anthemis, 2016.

— *Chroniques d'un économiste*, Limal, Anthemis, 2016.

— *L'économie digitale : rêve ou cauchemar*, Banque Degroof Petercam, 2016.

— *L'euro, une utopie trahie ?*, Waterloo, La Renaissance du livre, 2017.

— *Vingt questions d'actualité sur l'économie mondiale*, Trends et Banque Degroof Petercam, 2017.

— *Imminences*, Limal, Anthemis, 2017.

— *Vingt questions d'actualité sur l'économie belge*, Trends et Banque Degroof Petercam, 2018.

— *Un crayon comme seul bagage*, Limal, Anthemis, 2018.

— *De l'or des templiers aux cryptomonnaies*, Limal, Anthemis, 2018.

— *Nuages immobiles*, Limal, Anthemis, 2018.

Principaux ouvrages de Éric de Beukelaer

(INDIVIDUELS ET COLLECTIFS)

- *Ce sexe… qui n'est pas celui des anges* (*La vision chrétienne de la sexualité expliquée aux 17–25 ans*), éd. Fidélité 1999. Réédité en 2006 sous le titre *Apprendre à vivre sa sexualité »*, éd. Des Béatitudes/Fidélité.
- *Que penser de… ? Les erreurs de l'Église*, éd. Fidélité 2000.
- *L'Église de Judas. Essais sur les erreurs, fautes et péchés commis au nom de l'Église au cours de son histoire*, éd. Fidélité 2002. Réédité en 2011 sous le titre : *Quand l'Eglise perd son âme*, éd. Fidélité/ Avant-propos.
- *Du Temps où j'allais à la Messe*, éd. Fidélité 2004.
- *Lettre ouverte aux déçus du christianisme*, éd. Médiaspaul 2005. Réédité en 2009 sous le titre : *Pourquoi je ne crois pas en la faillite du christianisme*, éd. Nouvelle Cité.
- *Guide de lecture de l'abrégé du catéchisme*, éd. Bayard 2006.
- *Une cuillère d'eau bénite et un zeste de soufre*, avec Baudouin Decharneux, illustré par Pierre Kroll, EME éd. 2008.
- *La bourse et la vie avec Bruno Colmant, propos recueillis par Brigitte d'Hose*, illustré par Pierre Kroll, éd. Anthemis 2009.
- *Credo politique*, éd. Fidélité/ Avant-propos 2011.
- *Valet de trèfle*, Roman, éd. EME 2011.
- Ouvrages collectifs de la fondation Ceci n'est pas une crise, 2015.
- *Brexit !*, Collectif, Collection de la Fondation Ceci n'est pas une crise, 2016, éd. Renaissance du Livre 2016.
- *L'urgence humaniste*, avec Baudouin Decharneux, Collection de la Fondation Ceci n'est pas une crise, éd. Renaissance du Livre 2017.

Principaux ouvrages de Henri Deleersnijder

À la Renaissance du Livre :

- *Démocraties en péril. L'Europe face aux dérives du national-populisme* (2014)
- *Le nouvel antisémitisme. Avatars d'une haine ancestrale* (2016)
- *Les mots de l'espoir* (2016)
- *Le Brexit : signe avant-coureur d'un retour de l'Histoire ?*, dans l'ouvrage *Brexit !*, Collectif, Collection de la Fondation Ceci n'est pas une crise (2016)
- *Dis, c'est quoi le populisme ?* (2017)

Chez d'autres éditeurs :

- *L'affaire du « Point de détail ». Effet médiatique et enjeux de mémoire* (Les Éditions de l'Université de Liège, 2001)
- *Les prédateurs de la mémoire. La Shoah au péril des négationnistes* (Labor/Espace de libertés, 2001)
- *Populisme. Vieilles pratiques, nouveaux visages* (Les Territoires de la Mémoire/Luc Pire, 2006)
- *Mot à mot* (Les Territoires de la Mémoire, 2009)

ACHEVÉ D'IMPRIMER EN OCTOBRE 2018 SUR LES PRESSES
DE L'IMPRIMERIE VD (TEMSE)